거인을

읽
다

거인을 읽다

초판 1쇄 발행 2025년 10월 22일
초판 5쇄 발행 2025년 11월 5일

엮은이 신영준, 고영성
펴낸이 고영성

책임편집 유형일

펴낸곳 (주)상상스퀘어
출판등록 2021년 4월 29일 제2021-000079호
주소 경기 성남시 분당구 성남대로43번길 10, 하나EZ타워 307호
팩스 02-6499-3031
이메일 publication@sangsangsquare.com
홈페이지 www.sangsangsquare-books.com

ISBN 979-11-94368-74-8 (03190)

- 상상스퀘어는 출간 도서를 한국작은도서관협회에 기부하고 있습니다.
- 이 책은 저작권법에 따라 보호를 받는 저작물이므로 무단 전재와 복제를 금지하며,
  이 책 내용의 전부 또는 일부를 사용하려면 반드시 저작권자와 상상스퀘어의 서면 동의를 받아야 합니다.
- 파손된 책은 구입하신 서점에서 교환해드리며 책값은 뒤표지에 있습니다.

거인을 읽다

신영준
고영성
　　엮음

| 들어가는 말 |

절반이 넘는 사람들이 1년에 단 한 권의 책도 읽지 않습니다. 안타까운 현실이지만, 상황은 더 나빠지고 있습니다. 독서와 점점 멀어지면서 전반적인 문해력도 더욱 빠르게 떨어지고 있습니다. 이런 상황은 사실 국가적 위기입니다. 문해력 저하는 모든 불행의 씨앗이 될 것입니다. 글을 읽고도 뜻을 이해하지 못한다면, 이는 곧 업무 역량의 저하로 귀결됩니다. 정상적인 소통은 점점 더 어려워지고, 사람들의 낮은 문해력을 악용한 선동부터 사기까지 많은 부정적 사회 현상의 근간에는 낮은 문해력이 똬리를 틀고 있을 것입니다. 이렇게 심각한 상황을 왜 사람들은 잘 인식하지 못하고 있을까요?

문해력 관련 뉴스는 사실 종종 뉴스에 나오기 때문에 문제의 심각성을 인지하고 있는 분들도 꽤 많습니다. 하지만 낮은 문해력이 잠재적으로 얼마나 파괴적인 부정적 효과의 원인이 되는지 고민해 본 분들은 그렇게 많지 않을 것입니다. (그러려면 높은 문해력이 필요합니다.) 결국 사안의 중요성을 인식하고, 리더 위치에 있는 분들이 적극적으로 독서를 장려하고 문해력 증진을 위해 누구보다 앞장서야 합니다. 그런데 정작 이분들이 속한 연령대의 문해력이 가장 떨어져서 개선을 위한 노력은 고사하고 현 상황의 심각성을 자각조차 못 하고 있는 것이 비참한 현실입니다.

문해력 문제를 해결하려면 필사적으로 악순환을 끊어야 합니다. 문해력이 낮으면, 그 사실을 인지하기가 더욱 어렵습니다. 그리고 무엇을 읽어도 이해가 잘되지 않기에 문해력을 향상하는 활동들과 점점 더 멀어지면서 문해력은 더 빠르게 추락합니다. 이 악순환은 눈에 잘 드러나지 않습니다. 게다가 독서 말고도 자극적이고 재미있는 콘텐츠가 넘쳐나기에, 조용히 인생을 망치고 있는 이 잔혹한 굴레에서 스스로 탈출하겠다고 결심하는 것 자체가 대단히 어렵습니다. 현실이 이렇다 보니 이 악순환을 끊으려면 어떤 우연한 계기, 강력한 계기, 혹하는 계기가 필요합니다. 그래서 그 계기를 만들기 위해 《거인을 읽다》를 기획하게 되었습니다.

작가로서 책도 집필하고, 출판업을 통해 많은 책을 세상에 소개하면서 누구보다 독서의 가치와 문해력의 중요성에 대해 자주 언급했습니다. 단순히 말만 한 것이 아니라 다양한 독서 관련 무료 행사를 진행하면서, 수많은 분들과 함께 책을 읽었습니다. 이렇게 제대로 책을 꾸준히 읽었을 때, 우리의 삶이 어떻게 긍정적으로 바뀌는지 두 눈으로 직접 확인할 수 있었습니다.

고민은 점점 더 깊어졌습니다. 단순히 독서하지 않는 현실에 대한 공허한 걱정이나, 떨어지는 문해력에 대한 한탄에 그치고 싶지 않았습니다. 반드시 실질적인 해결책을 제시해야 한다고 생각했습니다. 독서의 효용을 온전히 체감한 분들은 수준하게 책을 읽었습니다. 그분들은 인생을 더 밀도 있게 채우고, 삶의 위안을 얻고, 논리적 사고력을 키우고, 제대로 된 조언을 구하기 위해서 적극적으로 책을 찾기 시작했습니다. 이렇게 인생을 근본적으로 바꾸고, 삶의 단단한 뿌리가 되는 독서를 어떻게 더 많은 분들에 삶에 스며들게 할지 오랜 시간 동안 고민하고 또 고민했습니다. 이렇게 치열한 고민 끝에 3가지 결론이 도출되었습니다.

1. 독서에 대한 진입 장벽을 최대한 낮춘다. (정량적으로 읽는 분량 자체를 최대한 줄인다.) 읽는 것은 나중 문제이고, 일단 누구나 부담 없이 손이 가고 쉽게 펼치고 싶은 책을 출간한다.

2. 독서의 효과를 읽자마자 즉각적으로 느낄 수 있는 내용으로 준비한다. 통찰력이 있으면서도 술술 읽을 수 있는 그런 내용으로 출간한다.
3. 읽으면서 감탄과 탄성이 나오고, 지적 충격과 자극을 줄 수 있는 설명하기 쉽지 않은 찌릿찌릿함이 있는 책을 출간한다.

위의 3가지 조건을 갖춘 책이라면, 10년 동안 단 한 권의 책을 읽지 않은 분들도 즐겁게 읽을 수 있다는 확신이 강하게 들었습니다. 이렇게 오랜 시간 다양한 시도를 거쳐 마침내 모든 조건을 충족시키며 기획한 책이 바로《거인을 읽다》입니다.

《거인을 읽다》는 말 그대로 아리스토텔레스부터 젠슨 황까지, 시대를 대표하는 거인들의 통찰을 배울 수 있는 책입니다. 1400개의 명언으로 구성되어 있어 이렇게 읽기에 부담이 없고, 쉽게 손이 가는 책도 없을 것 같습니다. 명언집이라서 굳이 순서대로 읽을 필요도 없고, 그냥 아무 페이지나 펼쳐서 읽어도 거인들의 응축된 지혜를 만날 수 있습니다. 이처럼《거인을 읽다》는 누구나, 언제든, 어디서든 쉽게 읽을 수 있는 책입니다.

명언은 누군가의 인생 경험일 수도 있고, 사색의 총체적 집약일 수도 있습니다. 그래서 단순히 시간적인, 노력적인 측면만 고려해도, 하나의 명언을 완벽하게 체화할 수 있다면 거기서 얻는 가치는 계산이 되지 않을 정도로 거대합니다. 살면서 인생의 기준으로 세울 수 있는 완전히 체득한 명언 하나만 있어도, 중요한 의사결정을 내릴 때 후회 없이 단단한 결정을 내릴 수도 있고, 혼란스러운 시기에 그 명언 하나 덕분에 많은 것을 극복할 수도 있습니다. 많은 분들이 《거인을 읽다》를 통해 자신만의 인생 기준과 정답을 찾는 데 많은 도움을 받으실 것입니다.

《거인을 읽다》는 한 권을 읽어도, 마치 10권, 100권을 읽은 것 같은 효과를 낼 수 있는 구조를 처음부터 염두에 두고 기획하였습니다. 1000개 이상의 명언을 엮어서 많은 분들이 인생 명언을 찾을 수 있는 확률 자체를 몇 배로 올렸습니다. 그리고 명언의 스펙트럼을 굉장히 넓게 설정하여 동기부여나 긍정적인 메시지를 담은 명언을 넘어서, 정말 다양한 주제에 대해 성찰해 볼 수 있는 '거인의 책장'을 만들었습니다. 그리고 기존의 독서 프로젝트에서 얻은 경험을 활용하여 《거인을 읽다》에 나오는 명언 중 최소 100개를 선정하여 유튜브 '스터디언' 채널을 통해 100편 이상의 특강을 제공할 예정입니다. 어떤 명언들은 굉장히 추상적이고 집약적이어서 이해가 어려운 분들도 분명히 있을 것입니다. 하지만 이제는 그런 부분에 대해서 전혀 걱정하실 필요가 없습니다. 관련 문장을 사진을 찍어서 인공지능에 물어보면, 웬만한 교수보다도 더 자세하게 설명을 해줍니다. 설명에 대해서 추가로 궁금한 부분이 생기면 인공지능한테 계속 질문을 던져서 더 깊게 파고들 수 있습니다. 특강과 인공지능을 활용해 《거인을 읽다》를 제대로 읽으면 책 10권 이상의 효용을 얻을 수 있습니다.

　사실 《거인을 읽다》 탄생 배경에는 커다란 행운이 있었습니다. 《거인을 읽다》의 최초 기획 시점은 2022년으로 거슬러 올라갑니다. 당시에 전 국민이 쉽게 읽으면서 독서 효용은 극대화할 수 있는 책을 구상하면서 명언집에 대한 아이디어가 나오긴 했지만, 막상 넓은 스펙트럼의 주제를 다루는 1000개가 넘는 명언을 엮으려고 하니 막막한 정도가 아니라 사실상 불가능했습니다. 그러던 중 뜻밖의 기회가 찾아왔습니다. 저희가 운영하는 '더비'라는 회사에서 제공하는 〈영어독립단어〉 서비스에 가장 빈도가 높은 단어 1400개의 단어 예문을 통찰력 넘치는 명언으로 구성하는 기획이 제안되었습니다. 그 결과 〈영어독립단어〉과 《거인을 읽다》 양쪽에 다 명언을 활용할 수 있었기에 시간이 오래 걸리더라도 최선을 다해서 명언 수집을 할 수 있는 여건이 만들어지게 되었습니다. 좋은 영어 예문을 확보하기 위해 1년 넘게 작업을 하면서 10만 개가 넘는 영어 인용구를 면밀히 검토했습니다. 수많은 인용구를 살피면서 정말 '세상은 넓고, 고수는 많다'는 사실을 절실히 깨달을 수 있었습니다. 특히 영어에서 가장 많이 쓰이는 단어 1400개를 반드시 포함하는 것이 명언을 수집한 기준이었기에, 전혀 생각하지 못했던 주옥같은 명언을 만날 수 있었습니다. 예를 들면,

million, police, information 같은 단어들의 예문으로 선정된 명언은 과연 이 단어들이 아니었다면 이런 귀한 명언을 만날 수 있었을까 하는 생각이 지금도 듭니다.

《거인을 읽다》는 명언의 영어 원문과 한글 번역이 같이 있기 때문에 영어 공부를 하기에도 좋은 책입니다. 일단 문장을 통째로 암기하는 것은 가장 효율적인 영어 공부법으로 이미 잘 알려져 있습니다. 이렇게 공부할 때, 아무 문장이 아닌 내 인생을 바꿀 수 있는 최고의 명언으로 영어 공부를 하게 되면, 그야말로 일거양득의 효과를 누릴 수 있습니다. 번역된 문장으로 읽을 때는 명언을 그냥 빠르게 '휙' 읽고 지나가는 경우가 많지만, 영어로 읽을 때는 의미를 해석해야 하니 단어 하나하나를 꼼꼼하게 곱씹어야 합니다. 이렇게 깊은 독해가 되면서 그 뜻이 영어 공부를 넘어서 인생 공부로 이어지게 됩니다. 사실 명언은 축약되고 함축적인 경우가 많아서 문법의 정점인 경우가 많습니다. 이것도 인공지능에 물어보면 영문학 교수보다도 더 자세히 설명해서, 어떤 문장이라도 이제는 쉽게 이해하면서 영어를 배울 수 있는 시대가 되었습니다. (실제로 《거인을 읽다》를 엮으면서 영어 독해력이 2배 정도 올라간 것 같습니다.)

《거인을 읽다》는 다양한 방법으로 읽을 수 있습니다. 먼저 거인의 통찰을 아주 천천히 곱씹어 보면서 읽는 것을 추천합니다.

다른 책과 달리 이 책은 빨리 읽어야 하거나, 읽는 진도를 빼야 한다는 강박을 가지고 읽을 필요가 전혀 없는 책입니다. 앞에서 말씀드린 것처럼 단 하나의 명언만 체화하더라도 인생이 바뀌는 경험을 하실 수 있습니다. 그리고 이 책은 여백이 많습니다. 그 여백에 필사하셔도 좋고, 자신만의 생각이나 느낀 점을 써보면서 읽으시면, 읽는 효과가 배가 될 것입니다. 그렇게 여러분의 생각이 메모로 들어간 책은 완전히 새로운 책이 될 수 있습니다. 그 책은 여러분이 소중하게 생각하는 누군가를 위해 아주 특별한 선물이 될 것입니다. 《거인을 읽다》는 필사에 최적화된 책입니다. 1400개의 명언 중에서 여러분이 가장 의미 있다고 생각하는 명언 100개, 200개, 300개 이런 식으로 따로 뽑아서 다른 노트에 필사하시면 자신만의 새로운 책을 만들 수 있습니다. 그리고 간곡히 권하는 방법 중에 하나는 영어 문장을 필사하는 것입니다. 영어 문장 필사는 《거인을 읽다》의 통찰과 지혜를 흡수하는 가장 완벽한 방법입니다. 영어로 의미를 이해하려면 한 단어도 허투루 넘어갈 수 없으므로 시대를 관통하는 거인의 가르침을 더 제대로 전수받을 수 있습니다.

《거인을 읽다》는 세상에서 가장 읽기 쉬운 책이면서, 동시에 가장 많이 배울 수 있는 책입니다. 더불어 지금까지 경험하지 못한 수준 높은 영어 학습까지 가능하게 합니다. 대한민국의 많은 문제의 뿌리에는 낮은 문해력이 있습니다. 문해력이 높아지면 대한민국은 모든 면에서 효율이 올라가고, 행복도도 자연스럽게 높아질 것입니다. 문해력을 올리는 방법은 생각보다 어렵지 않습니다. 그 시작은 책을 펴는 것이고, 천천히 그리고 꾸준히 읽는 것입니다. 이것보다 효과적이고 빠른 방법은 없습니다. 앞으로도 "문해력이 낮아서 문제이고, 책을 읽지 않아서 큰일이다."라고 말로만 걱정을 하는 것이 아니라, 여러분과 함께 읽겠습니다. 전심(全心)으로 돕겠습니다. 그래서 함께 행복해지겠습니다.

2025년

신영준, 고영성

세상에서 가장 정확한
빅데이터 기반
영어 단어 무료 레벨 테스트

| 차례 |

들어가는 말 · 4

CHAPTER 1 · 15

CHAPTER 2 · 63

CHAPTER 3 · 111

CHAPTER 4 · 159

CHAPTER 5 · 207

CHAPTER 6 · 255

CHAPTER 7 · 303

CHAPTER 8 · 351

CHAPTER 9 · 399

CHAPTER 10 · 447

명언 출처 · 495

CHAPTER

1

0001　You are never too old to set another goal or to dream a new dream.

또 다른 목표를 세우거나 새로운 꿈을 꾸기에 절대 늦은 때란 없다.

레스 브라운 Les Brown

0002　I've learned that people will forget what you said, people will forget what you did, but people will never forget how you made them feel.

사람들은 당신이 한 말과 당신의 행동은 잊을 것이다. 하지만 그들은 당신 때문에 어떤 감정을 느꼈는지는 영원히 잊지 않을 것이다.

마야 안젤루 Maya Angelou

0003　Old age, to the unlearned, is winter; to the learned, it is harvest time.

배우지 않은 사람에게 노년은 겨울이지만, 배운 사람에게 노년은 수확의 시기입니다.

유대인 속담 Yiddish Proverb

0004　　Nothing in all the world is more dangerous than sincere ignorance and conscientious stupidity.

이 세상에서 진실한 무지와 성실한 어리석음보다 더 위험한 것은 없다.

마틴 루터 킹 주니어 Martin Luther King, Jr.

0005　　Every truth has two sides; it is as well to look at both before we commit ourselves to either.

모든 진실에는 양면성이 있으므로 어느 한쪽에 치우치기 전에 양쪽을 모두 살펴보는 것이 중요하다.

이솝 Aesop

0006　　What can be added to the happiness of a man who is in health, out of debt, and has a clear conscience?

건강하고, 빚이 없으며, 양심이 깨끗한 사람의 행복에 더할 수 있는 것은 무엇일까?

애덤 스미스 Adam Smith

0007   You cannot hope to build a better world without improving the individuals. To that end, each of us must work for his own improvement and, at the same time, share a general responsibility for all humanity, our particular duty being to aid those to whom we think we can be most useful.

각 개인이 성장하지 않고는 더 나은 세상을 만드는 것은 기대할 수 없다. 이를 위해 우리 각자는 자신의 발전을 위해 노력하는 동시에 모든 인류에 대한 일반적인 책임을 공유해야 하며, 특히 우리가 가장 도움이 될 수 있다고 생각하는 사람들을 돕는 것이 우리의 특별한 의무이다.

마리 퀴리 Marie Curie

0008   You're never ready for what you have to do. You just do it. That makes you ready.

해야 할 일 앞에서는 누구도 준비되지 않는다. 그냥 해야 한다. 그것이 당신을 준비되게 만든다.

플로라 레타 슈라이버 Flora Rheta Schreiber

0009   The final proof of greatness lies in being able to endure criticism without resentment.

위대함의 궁극적인 증명은 분노하지 않고 비판을 견뎌내는 데 있다.

엘버트 허버드 Elbert Hubbard

0010 Without intellectual honesty, you can't have a culture that's willing to tolerate failure because people cling too much to an idea that likely will be bad or isn't working and they feel like their reputation is tied up in it. They can't admit failure.

지적 정직성이 없으면 사람들이 실패할 가능성이 있거나 효과가 없는 아이디어에 지나치게 집착하고 자신의 평판이 거기에 묶여 있다고 느끼기 때문에 실패를 용인하는 문화가 형성될 수 없다. 그러다 보면 사람들은 실패를 인정할 수 없게 된다.

젠슨 황 Jensen Huang

0011 The true test of character is not how much we know how to do, but how we behave when we don't know what to do.

진정한 인격의 시험은 우리가 무엇을 얼마나 잘 아는가가 아니라, 무엇을 해야 할지 모를 때 어떻게 행동하느냐에 달려 있다.

존 홀트 John Holt

0012 I learned long ago, never to wrestle with a pig. You get dirty, and besides, the pig likes it.

나는 오래전에 돼지와 씨름하지 말아야 한다는 것을 알았다. 당신은 더러워지고, 돼지는 즐거워할 뿐이다.

조지 버나드 쇼 George Bernard Shaw

0013　　Nothing on this earth is standing still. It's either growing or it's dying. No matter if it's a tree or a human being.

이 지구상에 가만히 있는 것은 없습니다. 성장 중이거나 죽어가고 있습니다. 그것이 나무든 사람이든 마찬가지입니다.

루 홀츠 Lou Holtz

0014　　If you're going through hell, keep going.

지옥 길을 걸어야만 한다면, 멈추지 말고 계속 가라.

윈스턴 처칠 Winston Churchill

0015　　It is wise to direct your anger towards problems - not people; to focus your energies on answers - not excuses.

분노는 사람이 아닌 문제를 향하는 것이 지혜롭고, 변명이 아닌 해답에 에너지를 집중하는 것이 현명한 선택이다.

윌리엄 아서 워드 William Arthur Ward

0016　There is no respect for others without humility in one's self.

자기 자신에 대한 겸손 없이는 타인에 대한 존중도 없다.

앙리 프레데리크 아미엘 Henri Frederic Amiel

0017　We are drowning in information but starved for knowledge.

우리는 정보의 홍수 속에서 허우적거리지만, 지식에는 굶주려 있다.

존 나이스비트 John Naisbitt

0018　Knowing is not understanding. There is a great difference between knowing and understanding: you can know a lot about something and not really understand it.

아는 것은 이해하는 것이 아니다. 아는 것과 이해하는 것 사이에는 큰 차이가 있다. 어떤 것에 대해 많이 알고도, 정작 제대로 이해하지 못할 수 있다.

찰스 케터링 Charles Kettering

0019　The true measure of a man is how he treats someone who can do him absolutely no good.

진정한 인간의 척도는 자신에게 아무런 이득이 되지 않는 사람을 어떻게 대하는가에 달려 있다.

새뮤얼 존슨 Samuel Johnson

0020　He that is conscious of guilt cannot bear the innocence of others: So they will try to reduce all others to their own level.

죄의식을 느끼는 사람은 다른 사람의 결백을 견딜 수 없다. 그래서 그들은 다른 모든 사람을 자신의 수준으로 끌어내리려 할 것이다.

찰스 제임스 폭스 Charles James Fox

0021　Most people do not listen with the intent to understand; they listen with the intent to reply.

대부분의 사람들은 이해하려는 의도로 듣지 않는다. 그들은 대답하려는 의도로 듣는다.

스티븐 코비 Stephen Covey

0022　Failure comes only when we forget our ideals and objectives and principles.

실패는 우리의 이상과 목표, 그리고 원칙을 잊을 때에만 찾아온다.

자와할랄 네루 Jawaharlal Nehru

0023　Don't just read the easy stuff. You may be entertained by it, but you will never grow from it.

그저 쉬운 것만 읽지 마라. 그것으로 즐거울 수는 있겠지만, 그것으로는 절대 성장할 수 없다.

짐 론 Jim Rohn

0024　Kind words can be short and easy to speak, but their echoes are truly endless.

친절한 말은 짧고 쉽게 할 수 있지만, 그 울림은 영원하다.

마더 테레사 Mother Teresa

0025　So many dreams at first seem impossible, and then they seem improbable, and then, when we summon the will, they soon become inevitable.

　　　수많은 꿈들이 처음엔 불가능해 보이고, 그다음엔 가능성이 희박해 보인다. 그러나 우리가 의지를 불러일으킬 때, 곧 필연이 된다.

크리스토퍼 리브 Christopher Reeve

0026　There are no strangers here; Only friends you haven't yet met.

　　　여기에는 낯선 사람이 없다. 아직 만나지 않은 친구들만 있을 뿐.

윌리엄 버틀러 예이츠 William Butler Yeats

0027　You can't pick and choose the days that you feel like being responsible. It's not something that disappears when you're tired.

　　　책임감을 느끼고 싶은 날을 골라서 선택할 수는 없다. 책임감은 피곤하다고 해서 사라지는 것이 아니다.

팻 서밋 Pat Summitt

0028 It is not who is right, but what is right, that is of importance.

누가 옳으냐가 중요한 게 아니라, 무엇이 옳으냐가 중요하다.

토머스 헉슬리 Thomas Huxley

0029 Life can only be understood backwards; but it must be lived forwards.

인생은 뒤돌아볼 때에야 이해되지만, 우리는 앞으로 살아가야 한다.

쇠렌 키르케고르 Soren Kierkegaard

0030 Never give up. Without commitment, you will never start. But more importantly without consistency, you will never finish.

절대 포기하지 마라. 전념하겠다는 다짐 없이는 시작할 수도 없을 것이다. 하지만 더 중요한 사실은 꾸준함이 없으면 결코 끝낼 수 없다는 것이다.

덴젤 워싱턴 Denzel Washington

0031　The opposite of a fact is falsehood, but the opposite of one profound truth may very well be another profound truth.

사실의 반대는 거짓이지만, 심오한 진리의 반대는 또 다른 심오한 진리일 수 있다.

닐스 보어 Niels Bohr

0032　Darkness cannot drive out darkness; only light can do that. Hate cannot drive out hate; only love can do that.

어둠은 어둠을 몰아낼 수 없다. 오직 빛만이 그렇게 할 수 있다. 증오는 증오를 몰아낼 수 없고, 오직 사랑만이 증오를 몰아낼 수 있다.

마틴 루터 킹 주니어 Martin Luther King, Jr.

0033　There is no greater gift than the gift of time.

시간이라는 선물보다 더 큰 선물은 없다.

미상 Unknown

0034   I sometimes think that people's hearts are like deep wells. Nobody knows what's at the bottom. All you can do is imagine by what comes floating to the surface every once in a while.

나는 때때로 사람들의 마음이 깊은 우물과 같다고 생각한다. 바닥에 무엇이 있는지는 아무도 모른다. 우리가 할 수 있는 건, 가끔 떠오르는 것을 보고 짐작하는 것뿐이다.

무라카미 하루키 | Haruki Murakami

0035   You can have everything in life you want, if you will just help other people get what they want.

당신은 인생에서 원하는 모든 것을 얻을 수 있다. 단, 다른 사람들이 원하는 것을 얻도록 도와주기만 하면 된다.

지그 지글러 Zig Ziglar

0036   If you want to go fast, go alone. If you want to go far, go together.

빨리 가고 싶다면 혼자 가라. 멀리 가고 싶다면 함께 가라.

아프리카 속담 African Proverb

0037　Don't say you don't have enough time. You have exactly the same number of hours per day that were given to Helen Keller, Pasteur, Michaelangelo, Mother Teresa, Leonardo da Vinci, Thomas Jefferson, and Albert Einstein.

시간이 부족하다고 말하지 마라. 당신은 헬렌 켈러, 파스퇴르, 미켈란젤로, 마더 테레사, 레오나르도 다 빈치, 토머스 제퍼슨, 그리고 알베르트 아인슈타인에게 주어졌던 것과 정확히 같은 시간을 하루에 가지고 있다.

H. 잭슨 브라운 주니어 H. Jackson Brown, Jr.

0038　Learning another language is not only learning different words for the same things, but learning another way to think about things.

다른 언어를 배운다는 것은 같은 사물에 대한 다른 단어들을 배우는 것뿐만 아니라, 사물에 대해 생각하는 또 다른 방식을 배우는 것이다.

플로라 루이스 Flora Lewis

0039　A good plan, violently executed now, is better than a perfect plan next week.

지금 적극적으로 실행되는 괜찮은 계획이 다음 주의 완벽한 계획보다 낫다.

조지 S. 패튼 George S. Patton

0040　Do not wait; the time will never be 'just right.' Start where you stand, and work with whatever tools you may have at your command, and better tools will be found as you go along.

기다리지 마라. '딱 알맞은 때'란 오지 않는다. 지금 있는 곳에서 바로 시작하고, 일단 자유롭게 쓸 수 있는 모든 수단을 동원해서 일하라. 그렇게 앞으로 나아가면 더 나은 수단을 발견하게 될 것이다.

나폴레온 힐 Napoleon Hill

0041　If you don't design your own life plan, chances are you'll fall into someone else's plan. And guess what they have planned for you? Not much.

당신이 스스로 인생 계획을 세우지 않으면, 결국 다른 누군가의 계획 속에 떨어지게 될 것이다. 그리고 그들이 당신을 위해 준비해둔 것은? 별로 없다.

짐 론 Jim Rohn

0042　Blessed are they who see beautiful things in humble places where other people see nothing.

다른 이들이 아무것도 보지 못하는 소박한 곳에서 아름다움을 보는 사람은 참으로 복된 사람이다.

에이미 폴러 Amy Poehler

0043　Don't be afraid to give up the good to go for the great.

위대한 것을 위해 좋은 것을 포기하는 것을 두려워하지 마라.

존 D. 록펠러 John D. Rockefeller

0044　You will never find time for anything. If you want time, you must make it.

당신은 결코 무언가를 위한 시간을 찾지 못할 것이다. 시간을 원한다면, 만들어야 한다.

찰스 벅스턴 Charles Buxton

0045　How we communicate with others and with ourselves ultimately determines the quality of our lives.

다른 사람과 소통하는 방법, 그리고 우리 자신과 소통하는 방법은 궁극적으로 우리 삶의 질을 결정한다.

토니 로빈스 Tony Robbins

0046　Take care of the minutes, and the hours will take care of themselves.

분(分)을 신경 쓰면 시간은 저절로 관리된다.

필립 스탠호프 체스터필드 백작 Lord Chesterfield

0047　Look at everything as though you were seeing it either for the first or last time.

모든 것을 처음 또는 마지막으로 보는 것처럼 보라.

베티 스미스 Betty Smith

0048　He or she who angers you conquers you.

당신을 화나게 하는 사람이 당신을 정복하는 것이다.

엘리자베스 케니 Elizabeth Kenny

0049　Tell me who your friends are, and I will tell you who you are.

당신의 친구가 누구인지 말해주면, 내가 당신이 누구인지 말해주겠다.

요한 볼프강 폰 괴테 Johann Wolfgang von Goethe

0050　As a well-spent day brings happy sleep, so a life well spent brings happy death.

잘 보낸 하루가 행복한 잠을 가져다주듯, 잘 보낸 삶이 행복한 죽음을 가져다준다.

미상 Unknown

0051　Why do we close our eyes when we pray, cry, kiss, or dream? Because the most beautiful things in life are not seen but felt by the heart.

우리가 기도할 때, 울 때, 키스할 때, 꿈꿀 때 왜 눈을 감는가? 인생에서 가장 아름다운 것들은 보이는 것이 아니라 마음으로 느끼는 것이기 때문이다.

덴젤 워싱턴 Denzel Washington

0052　The truth will set you free, but first it will make you miserable.

진실은 당신을 자유롭게 할 것이다. 하지만 먼저 당신을 비참하게 만들 것이다.

글로리아 스타이넘 Gloria Steinem

0053　Although no one can go back and make a brand new start, anyone can start again from now and make a brand new ending.

아무도 과거로 돌아가 새로운 시작을 할 수는 없지만, 누구나 지금부터 다시 시작하여 새로운 결말을 만들 수 있다.

제임스 R. 셔먼 James R. Sherman

0054　Time takes it all, whether you want it to or not.

시간은 모든 것을 가져간다, 당신이 원하든 원하지 않든.

스티븐 킹 Stephen King

0055　True forgiveness is when you can say, 'Thank you for that experience.'

진정한 용서란 '그 경험에도 감사한다'고 말할 수 있을 때 비로소 이루어진다.

오프라 윈프리 | Oprah Winfrey

0056　And once the storm is over, you won't remember how you made it through, how you managed to survive. You won't even be sure, whether the storm is really over. But one thing is certain. When you come out of the storm, you won't be the same person who walked in. That's what this storm's all about.

그리고 폭풍이 지나고 나면, 당신은 어떻게 그것을 헤쳐나갔는지, 어떻게 살아남을 수 있었는지 기억하지 못할 것이다. 폭풍이 정말로 끝났는지조차 확신하지 못할 것이다. 하지만 한 가지는 확실하다. 당신이 폭풍에서 나올 때, 폭풍 속으로 들어갔던 그 사람과는 같은 사람이 아닐 것이다. 그것이 바로 이 폭풍의 본질이다.

무라카미 하루키 | Haruki Murakami

0057　When the most important times are occurring, we don't even recognize them or notice. We are just busy living our lives. Only looking back do we know what was a great moment in our lives.

가장 중요한 순간들이 일어나고 있을 때, 우리는 그것을 알아차리지도, 눈치채지도 못한다. 그저 삶을 사느라 바쁠 뿐이다. 오직 되돌아볼 때만 우리는 우리 인생에서 위대한 순간이 무엇이었는지 알게 된다.

페데리코 펠리니 | Federico Fellini

0058　A man is arrogant in proportion to his ignorance.

사람은 자신의 무지에 비례하여 오만하다.

에드워드 조지 불워리턴 Edward G. Bulwer-Lytton

0059　There are two primary choices in life: to accept conditions as they exist, or accept the responsibility for changing them.

인생에는 두 가지 기본적인 선택이 있다. 현재 상황을 있는 그대로 받아들이거나, 그것을 바꿀 책임을 받아들이는 것이다.

데니스 웨이틀리 Denis Waitley

0060　The most important thing is to read as much as you can, like I did. It will give you an understanding of what makes good writing and it will enlarge your vocabulary.

가장 중요한 것은 내가 그랬듯 가능한 한 많이 읽는 것이다. 그것은 좋은 글을 만드는 요소를 이해하게 해주고, 어휘력도 넓혀줄 것이다.

J. K. 롤링 J. K. Rowling

0061　Before you speak, ask yourself. Let nothing be said about anyone unless it passes through the three sieves: Is it true? Is it kind? Is it necessary?

말하기 전에 자신에게 물어보라. 세 개의 체로 걸러지지 않으면 누구에 대해서도 아무것도 말하지 마라. 그것은 사실인가? 친절한가? 필요한가?

에이미 카마이클 Amy Carmichael

0062　Ignorance is not too dangerous. If you combine it with power, then this is a toxic mix.

무지 그 자체는 그리 위험하지 않다. 하지만 무지를 권력과 결합하면 유독한 혼합물이 된다.

유발 노아 하라리 Yuval Noah Harari

0063　Where there is no imagination there is no horror.

상상력이 없는 곳에 공포도 없다.

아서 코난 도일 Arthur Conan Doyle

0064　We are all in the gutter, but some of us are looking at the stars.

우리 모두는 시궁창에 있지만, 어떤 이들은 별을 바라보고 있다네.

오스카 와일드 Oscar Wilde

0065　Human beings need stories, and we're looking for them in all kinds of places; whether it's television, whether it's comic books or movies, radio plays, whatever form, people are hungry for stories.

인간은 이야기를 필요로 한다. 그래서 우리는 텔레비전이든, 만화든, 영화든, 라디오 드라마든 어떤 형태에서든 이야기를 찾아 나선다. 사람들은 이야기에 굶주려 있다.

폴 오스터 Paul Auster

0066　Only those who have patience to do simple things perfectly ever acquire the skill to do difficult things easily.

간단한 일을 완벽하게 해낼 인내심을 가진 사람만이 어려운 일을 쉽게 해낼 능력을 얻게 된다.

제임스 J. 코벳 James J. Corbett

0067　An old man in love is like a flower in winter.

사랑에 빠진 노인은 겨울에 핀 꽃과 같다.

조제 마리아 에사 드 케이로스 José Maria de Eça de Queirós

0068　The true meaning of life is to plant trees, under whose shade you do not expect to sit.

인생의 참된 의미는 자신이 그 그늘 아래 앉을 것이라 기대하지 않는 나무를 심는 것이다.

넬슨 핸더슨 Nelson Henderson

0069　The greatest glory in living lies not in never falling down, but in standing up every time we fall down.

인생에서 가장 큰 영광은 결코 넘어지지 않는 것이 아니라, 넘어질 때마다 다시 일어나는 것이다.

넬슨 만델라 Nelson Mandela

0070　Wanting something is not enough. You must hunger for it. Your motivation must be absolutely compelling in order to overcome the obstacles that will invariably come your way.

무언가를 원한다는 것만으로는 부족하다. 당신은 그것을 굶주리듯 갈망해야 한다. 반드시 맞닥뜨리게 될 장애물을 극복하려면, 동기가 절대적으로 강해야 한다.

레스 브라운 Les Brown

0071　Hope is not the conviction that something will turn out well but the certainty that something makes sense, regardless of how it turns out.

희망이란 어떤 일이 잘 될 것이라는 확신이 아니라, 그것이 어떤 결과로 끝나든 상관없이 그 일이 의미가 있다는 확신이다.

바츨라프 하벨 Vaclav Havel

0072　If one oversteps the bounds of moderation, the greatest pleasures cease to please.

절제의 경계를 넘어서면, 가장 큰 즐거움들도 더 이상 즐겁지 않게 된다.

에픽테토스 Epictetus

0073 The ultimate tragedy is not the oppression and cruelty by the bad people but the silence over that by the good people.

궁극적인 비극은 악한 사람들의 억압과 잔혹함이 아니라, 그것에 대한 선량한 사람들의 침묵이다.

마틴 루터 킹 주니어 Martin Luther King, Jr.

0074 You may have a fresh start any moment you choose, for this thing that we call 'failure' is not the falling down, but the staying down.

우리는 원할 때마다 새로운 출발을 할 수 있다. 왜냐하면 우리가 '실패'라고 부르는 것은 넘어지는 것이 아니라, 넘어져 있는 상태로 남아 있는 것이기 때문이다.

메리 픽포드 Mary Pickford

0075 The very foundation of our democracy is the ability to have reasoned conversations about our differences.

우리 민주주의의 근간은, 서로의 차이에 대해 이성적인 대화를 나눌 수 있는 능력에 있다.

버락 오바마 Barack Obama

0076　We have two ears and one tongue so that we would listen more and talk less.

우리가 두 개의 귀와 한 개의 혀를 가진 이유는 덜 말하고 더 많이 듣기 위해서이다.

엘레아의 제논 Zeno of Elea

0077　Remember not only to say the right thing in the right place, but far more difficult still, to leave unsaid the wrong thing at the tempting moment.

올바른 말을 올바른 자리에서 하는 것도 중요하지만, 유혹에 빠지기 쉬운 순간에 잘못된 말을 참는 것은 훨씬 더 어렵다는 사실을 기억하라.

벤저민 프랭클린 Benjamin Franklin

0078　People do not seem to realize that their opinion of the world is also a confession of character.

사람들은 세상에 대한 자신의 의견이 곧 자신의 인격에 대한 고백이기도 하다는 것을 깨닫지 못하는 것 같다.

랠프 월도 에머슨 Ralph Waldo Emerson

0079 We think too much and feel too little.

우리는 너무 많이 생각하고, 너무 적게 느낀다.

찰리 채플린 Charlie Chaplin

0080 A man who becomes conscious of the responsibility he bears toward a human being who affectionately waits for him, or to an unfinished work, will never be able to throw away his life.

자신을 애정 어린 마음으로 기다리는 사람이나, 아직 끝내지 못한 일에 대한 책임을 자각한 이는 결코 삶을 포기할 수 없다.

빅토르 E. 프랑클 Viktor E. Frankl

0081 Each day is a little life: every waking and rising a little birth, every fresh morning a little youth, every going to rest and sleep a little death.

매일은 작은 삶이다. 깨어남과 일어섬은 작은 탄생이고, 새 아침은 작은 청춘이며, 쉼과 잠은 작은 죽음이다.

아르투어 쇼펜하우어 Arthur Schopenhauer

0082　Fear keeps us focused on the past or worried about the future. If we can acknowledge our fear, we can realize that right now we are okay. Right now, today, we are still alive, and our bodies are working marvelously. Our eyes can still see the beautiful sky. Our ears can still hear the voices of our loved ones.

두려움은 우리를 과거에 매이게 하거나 미래를 걱정하게 만든다. 우리가 두려움을 인정할 수 있다면, 바로 지금 우리가 괜찮다는 것을 깨달을 수 있다. 바로 지금, 오늘, 우리는 여전히 살아있고, 우리의 몸은 놀랍도록 잘 작동하고 있다. 우리의 눈은 여전히 아름다운 하늘을 볼 수 있고, 우리의 귀는 여전히 사랑하는 사람들의 목소리를 들을 수 있다.

틱낫한 Thich Nhat Hanh

0083　The secret of happiness is: Find something more important than you are and dedicate your life to it.

행복의 비결은 자신보다 더 중요한 무언가를 찾아서 그것에 인생을 바치는 것이다.

대니얼 데닛 Daniel Dennett

0084　When you feel truly sorry, apologize sincerely. 'Sincere' means keeping two things in mind: never make a single excuse when you apologize, and never expect your apology to be accepted immediately.

진정으로 미안함을 느낀다면, 진심으로 사과하라. '진심'이란 두 가지를 뜻한다. 사과할 때 단 한 마디의 변명도 하지 않는 것, 그리고 사과가 곧바로 받아들여지기를 기대하지 않는 것이다.

신영준 Youngjun Shin

0085　It ain't over till it's over.

끝날 때까지 끝난 게 아니다.

요기 베라 Yogi Berra

0086　Never forget that only dead fish swim with the stream.

단지 죽은 물고기들만이 물결을 따라 흘러간다는 것을 결코 잊지 말라.

맬컴 머거리지 Malcolm Muggeridge

0087　No duty is more urgent than giving thanks.

감사를 표하는 것보다 더 긴급한 의무는 없다.

제임스 앨런 James Allen

0088 Remembering that I'll be dead soon is the most important tool I've ever encountered to help me make the big choices in life. Because almost everything - all external expectations, all pride, all fear of embarrassment or failure - these things just fall away in the face of death, leaving only what is truly important.

내가 곧 죽을 것이라는 사실을 기억하는 것은 인생에서 중요한 선택을 내리는 데 도움이 되는 가장 중요한 도구이다. 외부의 기대, 자존심, 당혹감이나 실패에 대한 두려움 등 거의 모든 것이 죽음 앞에서는 사라지고 진정으로 중요한 것만 남기 때문이다.

스티브 잡스 Steve Jobs

0089 Get the right people on the bus, the wrong people off the bus, and the right people in the right seats.

올바른 사람을 버스에 태우고, 잘못된 사람은 내리게 하라. 그리고 올바른 사람을 올바른 자리에 앉혀라.

짐 콜린스 James C. Collins

0090 Patience is not simply the ability to wait - it's how we behave while we're waiting.

인내는 단순히 기다리는 능력이 아니라, 기다리는 동안 어떻게 행동하느냐에 달려 있다.

조이스 마이어 Joyce Meyer

0091　God grant me the courage not to give up what I think is right even though I think it is hopeless.

신이시여, 비록 희망이 없다고 생각할지라도 제가 옳다고 생각하는 것을 포기하지 않을 용기를 주소서.

체스터 니미츠 Chester W. Nimitz

0092　It is literally true that you can succeed best and quickest by helping others to succeed.

말 그대로, 다른 사람의 성공을 도울 때 가장 빠르고 가장 크게 성공한다는 것은 진리이다.

나폴레온 힐 Napoleon Hill

0093　The difficulty lies not so much in developing new ideas as in escaping from old ones.

어려움은 새로운 아이디어를 만드는 데 있는 것이 아니라, 낡은 아이디어에서 벗어나는 데 있다.

존 메이너드 케인스 John Maynard Keynes

0094　The last three or four reps is what makes the muscle grow. This area of pain divides the champion from someone else who is not a champion. That's what most people lack, having the guts to go on and just say they'll go through the pain no matter what happens.

마지막 서너 번의 반복이 근육을 성장시킨다. 바로 그 고통의 순간이 챔피언과 그렇지 않은 사람을 갈라놓는다. 대부분의 사람들이 갖지 못한 것은, 무슨 일이 있어도 그 고통을 뚫고 나가겠다는 배짱이다.

아놀드 슈워제네거 Arnold Schwarzenegger

0095　You may be disappointed if you fail, but you are doomed if you don't try.

실패하면 실망할 수도 있지만, 시도하지 않으면 절망할 것이다.

베벌리 실즈 Beverly Sills

0096　The most dangerous creation of any society is the man who has nothing to lose.

어떤 사회에서든 가장 위험한 존재는 잃을 것이 없는 사람이다.

제임스 볼드윈 James Baldwin

0097　We should consider every day lost on which we have not danced at least once.

하루에 한 번도 춤추지 않은 날은 잃어버린 날로 생각해야 한다.

프리드리히 니체 Friedrich Nietzsche

0098　Even a stopped clock is right twice a day.

고장 난 시계도 하루에 두 번은 맞는다.

마리 폰 에브너에셴바흐 Marie von Ebner-Eschenbach

0099　There are three constants in life... change, choice and principles.

인생에는 세 가지 상수가 있다... 변화, 선택, 원칙이다.

스티븐 코비 Stephen Covey

0100 Nothing is as sure as uncertainty.

불확실성만큼 확실한 것은 없다.

고영성 Youngsung Ko

0101 The fishermen know that the sea is dangerous and the storm terrible, but they have never found these dangers sufficient reason for remaining ashore.

어부들은 바다가 위험하고 폭풍이 두렵다는 것을 안다. 그러나 그 어떤 위험도 육지에 머물러야 할 이유가 되지는 않았다.

빈센트 반 고흐 Vincent Van Gogh

0102 God will not look you over for medals, degrees, or diplomas, but for scars.

신은 당신의 메달, 학위, 졸업장이 아니라 상처를 살펴볼 것이다.

엘버트 허버드 Elbert Hubbard

0103　Only by learning to live in harmony with your contradictions can you keep it all afloat.

자신의 모순들과 조화를 이루며 사는 법을 배워야만, 삶 전체를 지탱할 수 있다.

오드리 로드 Audre Lorde

0104　A human being would certainly not grow to be seventy or eighty years old if this longevity had no meaning for the species. The afternoon of human life must also have a significance of its own and cannot be merely a pitiful appendage to life's morning.

인간에게 장수가 아무런 의미가 없다면 인간은 칠십, 팔십 살까지 살지 않았을 것이다. 인간 삶의 오후도 그 자체로 의미가 있어야 하며, 단순히 인생의 오전에 덧붙여진 초라한 부속물이 되어서는 안 된다.

카를 융 Carl Jung

0105　If I only had an hour to chop down a tree, I would spend the first 45 minutes sharpening my axe.

나무를 베는 데 한 시간만 주어진다면, 도끼를 가는 데 처음 45분을 사용할 것이다.

W. H. 알렉산더 Reverend W. H. Alexander

0106　　Selfishness is not living as one wishes to live, it is asking others to live as one wishes to live.

이기심이란 자신이 원하는 대로 사는 것이 아니라, 다른 사람에게 자신이 원하는 방식대로 살라고 요구하는 것이다.

오스카 와일드 Oscar Wilde

0107　　Hell is yourself and the only redemption is when a person puts himself aside to feel deeply for another person.

지옥은 자기 자신이다. 그리고 유일한 구원은, 자신을 제쳐두고 다른 이를 깊이 느낄 때 찾아온다.

테네시 윌리엄스 Tennessee Williams

0108　　What is the good of your stars and trees, your sunrise and the wind, if they do not enter into our daily lives?

별과 나무, 일출과 바람이 우리의 일상 속으로 들어오지 않는다면 그것들이 무슨 소용이 있겠는가?

E. M. 포스터 E. M. Forster

0109 The temple bell stops but I still hear the sound coming out of the flowers.

사원의 종소리는 멈췄지만, 그 울림은 여전히 꽃들 속에서 들려온다.

마쓰오 바쇼 Matsuo Basho

0110 God does not send us despair in order to kill us; he sends it in order to awaken us to new life.

신은 우리를 죽이기 위해 절망을 보내는 것이 아니라, 우리를 새로운 삶으로 일깨우기 위해 그것을 보낸다.

헤르만 헤세 Hermann Hesse

0111 The darker the night, the brighter the stars, the deeper the grief, the closer is God.

밤이 어두울수록 별은 더 밝게 빛나고, 슬픔이 깊을수록 신은 더 가까이 있다.

아폴론 마이코프 Apollon Maykov

0112　The most alluring thing a girl can have is confidence.

여성이 가질 수 있는 가장 매력적인 것은 자신감이다.

비욘세 Beyoncé

0113　The power of finding beauty in the humblest things makes home happy and life lovely.

가장 소박한 것들에서 아름다움을 발견하는 힘이 집을 행복하게 하고, 삶을 사랑스럽게 만든다.

루이자 메이 올컷 Louisa May Alcott

0114　There is nothing so useless as doing efficiently that which should not be done at all.

전혀 하지 말아야 할 일을 효율적으로 하는 것만큼 쓸모없는 일은 없다.

피터 드러커 Peter Drucker

0115　The rain began again. It fell heavily, easily, with no meaning or intention but the fulfilment of its own nature, which was to fall and fall.

비가 다시 내리기 시작했다. 비는 아무런 의미도 의도도 없이 그저 떨어지고 또 떨어지는 본성을 충실히 따르며 무겁고도 부드럽게 내렸다.

헬렌 가너 Helen Garner

0116　Great leaders are not defined by the absence of weakness, but by the presence of clear strengths.

위대한 리더는 약점의 부재가 아니라, 명확한 강점의 존재로 정의된다.

존 H. 젠거 John H. Zenger

0117　The answers you seek never come when the mind is busy, they come when the mind is still.

당신이 찾는 답은 마음이 바쁠 때 절대 오지 않는다. 그것은 마음이 고요할 때 당신을 찾아온다.

에크하르트 톨레 Eckhart Tolle

0118 You can't run away from trouble. There ain't no place that far.

문제에서 도망칠 수 없다. 그렇게 먼 곳은 없다.

조엘 챈들러 해리스 Joel Chandler Harris

0119 Creativity is just connecting things. When you ask creative people how they did something, they feel a little guilty because they didn't really do it, they just saw something. It seemed obvious to them after a while. That's because they were able to connect experiences they've had and synthesize new things.

창의성이란 단순히 사물을 연결하는 것이다. 누군가 창의적인 사람들에게 그것을 어떻게 했는지 묻는다면, 그들은 약간 죄책감을 느낀다. 자신이 한 것이 아니라 단지 보았을 뿐이기 때문이다. 시간이 지나고 나면 그것은 그들에게 너무도 명백해 보인다. 이는 그들이 경험을 연결해 새로운 것을 만들어낼 수 있었기 때문이다.

스티브 잡스 Steve Jobs

0120 Before you are a leader, success is all about growing yourself. When you become a leader, success is all about growing others.

당신이 리더가 되기 전에는, 성공은 전적으로 자신을 성장시키는 것이었다. 하지만 리더가 되면, 성공은 전적으로 다른 사람들을 성장시키는 것이 된다.

잭 웰치 Jack Welch

0121　Honesty in social life is often used as a cover for rudeness. But there is quite a difference between being candid in what you're talking about, and people voicing their insulting opinions under the name of honesty.

사회생활에서 솔직함은 종종 무례함을 감추는 용도로 사용된다. 하지만 솔직하게 이야기하는 것과 솔직함이라는 명목 하에 모욕적인 의견을 표출하는 것 사이에는 상당한 차이가 있다.

주디스 마틴 Judith Martin

0122　Maybe one day we shall be glad to remember even these hardships.

언젠가 우리는 이 모든 고난들마저도 기쁘게 기억하게 될지도 모른다.

푸블리우스 베르길리우스 Virgil

0123　The best remedy for a short temper is a long walk.

조급한 성격에 대한 최고의 치료법은 긴 산책이다.

조제프 주베르 Joseph Joubert

0124　Those who make the worst use of their time are the first to complain of its shortness.

시간을 제대로 활용하지 못하는 사람들이 가장 먼저 시간 부족에 대해 불평한다.

장 드 라브뤼예르 Jean de la Bruyere

0125　The evil that men do lives after them; the good is often interred with their bones.

사람들이 저지른 악행은 그들이 죽은 뒤에도 살아 있지만, 선한 일은 종종 그들의 뼈와 함께 묻힌다.

윌리엄 셰익스피어 William Shakespeare

0126　The more I think about it, the more I realize there is nothing more artistic than to love others.

생각하면 할수록 타인을 사랑하는 것보다 더 예술적인 것은 없다는 것을 깨닫게 된다.

빈센트 반 고흐 Vincent Van Gogh

0127   A timid question will always receive a confident answer.

소심한 질문에는 언제나 당당한 답변이 돌아온다.

찰스 달링 남작 Charles Darling, 1st Baron Darling

0128   Our knowledge can only be finite, while our ignorance must necessarily be infinite.

우리의 지식은 한정되어 있는 반면, 우리의 무지는 필연적으로 무한할 수밖에 없다.

칼 포퍼 Karl Popper

0129   You are rich if and only if money you refuse tastes better than money you accept.

거절하는 돈이 받아들이는 돈보다 더 달콤하게 느껴질 때만, 당신은 진정 부자다.

나심 니콜라스 탈레브 Nassim Nicholas Taleb

0130	A single rose can be my garden... a single friend, my world.

한 송이 장미가 내 정원이 될 수 있다... 한 명의 친구가 내 세상이 될 수 있다.

레오 버스카글리아 Leo Buscaglia

0131	Each new book is a tremendous challenge.

각각의 새로운 책은 하나의 거대한 도전이다.

피터 스트라우브 Peter Straub

0132	Passion is needed for any great work, and for the revolution, passion and audacity are required in big doses.

모든 위대한 일에는 열정이 필요하지만, 혁명을 위해서는 열정과 대담함이 넘칠 만큼 필요하다.

체 게바라 Che Guevara

0133　Stay afraid, but do it anyway. What's important is the action. You don't have to wait to be confident. Just do it and eventually the confidence will follow.

두려움을 안고 있어도 괜찮다. 그럼에도 불구하고 행동하라. 중요한 것은 행동이다. 자신감이 생길 때까지 기다릴 필요는 없다. 그냥 하라. 그러면 결국 자신감이 따라올 것이다.

캐리 피셔 Carrie Fisher

0134　The first method for estimating the intelligence of a ruler is to look at the men he has around him.

통치자의 지적인 능력을 추정하는 첫 번째 방법은 주변에 있는 사람들을 살펴보는 것이다.

니콜로 마키아벨리 Niccolo Machiavelli

0135　What you do not want done to yourself, do not do to others.

내가 원하지 않는 바를 남에게 행하지 마라.

공자 Confucius

0136   The single biggest problem in communication is the illusion that it has taken place.

　　　의사소통에 있어서 가장 큰 문제는 의사소통이 이루어졌다는 착각이다.

　　　　　　　　　　　　　　　　　　　조지 버나드 쇼 George Bernard Shaw

0137   The last function of reason is to recognize that there are an infinity of things which surpass it.

　　　이성의 마지막 기능은 이성을 초월하는 무한한 것들이 있다는 것을 인식하는 것이다.

　　　　　　　　　　　　　　　　　　　블레즈 파스칼 Blaise Pascal

0138   Start with what is right rather than what is acceptable.

　　　허용되는 것보다는 옳은 것에서 출발하라.

　　　　　　　　　　　　　　　　　　　프란츠 카프카 Franz Kafka

0139   Old age comes on suddenly, and not gradually as is thought.

노년은 갑자기 온다. 생각처럼 서서히 오지 않는다.

예밀리 디킨슨 Emily Dickinson

0140   You cannot truly listen to anyone and do anything else at the same time.

누군가의 말을 진심으로 들으면서 동시에 다른 일을 할 수 없다.

M. 스콧 펙 M. Scott Peck

CHAPTER

2

0141　The soul is healed by being with kids.

영혼은 아이들과 함께 있을 때 치유된다.

표도르 도스토옙스키 | Fyodor Dostoevsky

0142　The boy who has not learned to obey cannot learn to command.

순종하는 법을 배우지 못한 소년은 명령하는 법을 배울 수 없다.

아리스토텔레스 Aristotle

0143　I shall pass through this world but once. Any good, therefore, that I can do or any kindness I can show to any human being, let me do it now. Let me not defer it or neglect it, for I shall not pass this way again.

나는 이 세상을 단 한 번만 지나가리라. 그러므로 내가 다른 사람에게 행할 수 있는 선한 일이나 친절을 베풀 수 있는 일이 있다면 지금 당장 행하게 하소서. 다시는 이 길을 지나지 않을 것이니 그것을 미루거나 게을리하지 않게 하소서.

스티븐 그렐레 Stephen Grellet

0144　It takes many good deeds to build a good reputation, and only one bad one to lose it.

좋은 평판을 쌓기 위해서는 많은 선행이 필요하나, 그 평판을 잃는 데는 단 하나의 악행이면 충분하다.

벤저민 프랭클린 Benjamin Franklin

0145　Move fast. Speed is one of your main advantages over large competitors.

빠르게 움직여라. 속도는 거대한 경쟁자들이 따라할 수 없는 핵심적인 장점이다.

샘 올트먼 Sam Altman

0146　Don't ever underestimate the importance of having fun.

재미의 중요성을 절대 과소평가하지 마라.

랜디 포시 Randy Pausch

0147　A lot of times, people don't know what they want until you show it to them.

많은 경우, 사람들은 당신이 그것을 보여주기 전까지는 자신이 무엇을 원하는지 모른다.

스티브 잡스 Steve Jobs

0148　The road to hell is paved with good intentions.

지옥으로 가는 길은 선한 의도로 포장되어 있다.

존 레이 John Ray

0149　It's not the distance you must conquer in running, it's yourself.

달리기에서 정복해야 할 것은 거리가 아니라 여러분 자신입니다.

미상 Unknown

0150　The supreme accomplishment is to blur the line between work and play.

최고의 성취는 일과 놀이의 경계를 모호하게 만드는 것이다.

엘런 J. 랭어 Ellen J. Langer

0151　You may be deceived if you trust too much, but you will live in torment if you don't trust enough.

너무 많이 믿으면 속을지 모르지만, 충분히 믿지 않으면 고통 속에서 살게 된다.

프랭크 크레인 Frank Crane

0152　Music expresses that which cannot be said and on which it is impossible to be silent.

음악은 말로는 표현할 수 없지만, 침묵할 수도 없는 것을 표현한다.

빅토르 위고 Victor Hugo

0153　A house without books is a body without soul.

책이 없는 집은 영혼 없는 몸과 같다.

마르쿠스 툴리우스 키케로 Marcus Tullius Cicero

0154　A woman has two smiles that an angel might envy: the smile that accepts a lover before words are uttered, and the smile that lights on the first born babe, and assures it of a mother's love.

여성에게는 천사도 부러워할 두 가지 미소가 있다. 말이 나오기도 전에 연인을 받아들이는 미소와 갓 태어난 아기에게 비추는 엄마의 사랑을 확신시켜 주는 미소이다.

토머스 챈들러 핼리버턴 Thomas Chandler Haliburton

0155　Time will bring to light whatever is hidden; it will cover up and conceal what is now shining in splendor.

시간은 숨겨진 모든 것을 드러낼 것이고, 지금 찬란하게 빛나고 있는 것도 덮고 숨길 것입니다.

호라티우스 Horace

0156　Faith is to believe what you do not see; the reward of this faith is to see what you believe.

신념이란 보이지 않는 것을 믿는 것이며, 이 신념의 보상은 믿는 것을 보게 되는 것이다.

성 아우구스티누스 Saint Augustine

0157　Synergy is what happens when one plus one equals ten or a hundred or even a thousand! It's the profound result when two or more respectful human beings determine to go beyond their preconceived ideas to meet a great challenge.

시너지는 1더하기 1이 10이나 100, 심지어 1000이 될 때 일어나는 현상이다! 그것은 서로를 존중하는 둘 이상의 사람들이 큰 도전에 맞서기 위해 기존의 선입견을 뛰어넘기로 결심할 때 나타나는 놀라운 결과다.

스티븐 코비 Stephen Covey

0158　Nice words cost nothing, but they accomplish much.

친절한 말은 비용이 들지 않지만 많은 것을 성취할 수 있다.

블레즈 파스칼 Blaise Pascal

0159　Anyone can sympathize with the sufferings of a friend, but it requires a very fine nature to sympathize with a friend's success.

누구나 친구의 고통에 공감할 수 있지만, 친구의 성공에 공감하기 위해서는 매우 고매한 성품이 필요하다.

오스카 와일드 Oscar Wilde

0160　Aim for the moon. If you miss, you may hit a star.

달을 향해 쏴라. 비록 빗나가더라도 별을 맞힐지도 모른다.

W. 클레멘트 스톤 W. Clement Stone

0161　Perhaps that is what it means to be a father – to teach your child to live without you.

어쩌면 아버지란 자식이 자신 없이도 살아갈 수 있도록 가르치는 존재를 의미하는 것일지도 모른다.

니콜 크라우스 Nicole Krauss

0162　Every parting is a form of death, as every reunion is a type of heaven.

모든 이별은 죽음의 한 형태이며, 모든 재회는 천국의 한 형태이다.

트라이언 에드워즈 Tryon Edwards

0163　Death is more universal than life; everyone dies but not everyone lives.

죽음은 삶보다 더 보편적이다. 모든 사람은 죽지만, 모든 사람이 사는 것은 아니다.

앤드루 작스 Andrew Sachs

0164　The limits of my language mean the limits of my world.

내 언어의 한계가 곧 내 세계의 한계이다.

루트비히 비트겐슈타인 Ludwig Wittgenstein

0165　Always be kind, for everyone you meet is fighting a battle you know nothing about.

언제나 친절하라. 당신이 만나는 모든 이는 당신이 전혀 모르는 싸움을 하고 있기 때문이다.

존 왓슨 John Watson

0166　The first duty of a wise advocate is to convince his opponents that he understands their arguments, and tastes, and prejudices.

현명한 변호자의 첫 번째 의무는 반대자들에게 자신이 그들의 주장과 취향, 그리고 편견까지 이해하고 있음을 납득하게 하는 것이다.

새뮤얼 존슨 Samuel Johnson

0167　Happiness always looks small while you hold it in your hands, but let it go, and you learn at once how big and precious it is.

행복은 손에 쥐고 있을 때는 항상 작아 보이지만, 놓아버리면 그것이 얼마나 크고 소중한 것인지 단번에 깨닫게 된다.

막심 고리키 Maxim Gorky

0168　Want of care does us more damage than want of knowledge.

지식의 부족보다 더 큰 해를 끼치는 것은 관심의 부족이다.

벤저민 프랭클린 Benjamin Franklin

0169　When you feel scared, hold someone's hand and look into their eyes.

두려울 때는 누군가의 손을 잡고 그들의 눈을 바라보라.

에이미 폴러 Amy Poehler

0170　It's in responsibility that most people find the meaning that sustains them through life.

대부분의 사람들은 책임에서 삶을 지탱하는 의미를 발견한다.

조던 피터슨 Jordan Peterson

0171　Better three hours too soon than a minute too late.

세 시간 일찍 오는 것이 1분 늦는 것보다 낫다.

윌리엄 셰익스피어 William Shakespeare

0172　If you tell the truth, you don't have to remember anything.

진실만을 말한다면, 아무것도 기억할 필요가 없다.

마크 트웨인 Mark Twain

0173　Win as if you were used to it, lose as if you enjoyed it for a change.

승리는 늘 그래온 것처럼 하라. 패배는 가끔은 즐기는 듯 맞이하라.

랠프 월도 에머슨 Ralph Waldo Emerson

0174　It is not flesh and blood but the heart which makes us fathers and sons.

우리를 아버지와 아들로 만드는 것은 피와 살이 아니라 바로 마음이다.

요한 프리드리히 폰 실러 Johann Friedrich von Schiller

0175　Half of the troubles of this life can be traced to saying yes too quickly and not saying no soon enough.

인생에서 겪는 문제의 절반은 너무 빨리 '예'라고 말하고 충분히 빨리 '아니오'라고 말하지 않는 데서 찾을 수 있다.

조시 빌링스 Josh Billings

0176　The worst thing is not being wrong, but being sure one is not wrong.

가장 나쁜 것은 틀리는 것이 아니라, 자신이 결코 틀리지 않았다고 믿는 것이다.

폴 투르니에 Paul Tournier

0177　I think the tiniest little thing can change the course of your day, which can change the course of your year, which can change who you are.

아주 사소한 일이라도 하루의 흐름을 바꿀 수 있고, 그 하루가 한 해의 흐름을 바꾸며, 결국 당신 자신을 바꿀 수 있다고 나는 생각한다.

테일러 스위프트 Taylor Swift

0178　Personality is only ripe when a man has made the truth his own.

인격은 진리를 자신의 것으로 만들었을 때 비로소 무르익는다.

쇠렌 키르케고르 Soren Kierkegaard

0179　One baby is a patient baby, and waits indefinitely until its mother is ready to feed it. The other baby is an impatient baby and cries lustily, screams and kicks and makes everybody unpleasant until it is fed. Well, we know perfectly well which baby is attended to first. That is the whole history of politics.

한 아기는 인내심이 강하고, 어머니가 젖을 먹일 준비가 될 때까지 무한정 기다린다. 다른 아기는 참을성이 없고, 울부짖고, 비명을 지르고, 발로 차고, 젖을 먹일 때까지 모든 사람을 불쾌하게 만든다. 우리는 어느 아기가 먼저 돌보아져야 하는지 완벽하게 잘 알고 있다. 그것이 정치의 본질적인 역사다.

에멀린 팽크허스트 Emmeline Pankhurst

0180   Today is a most unusual day, because we have never lived it before; we will never live it again; it is the only day we have.

오늘은 매우 특별한 날이다. 왜냐하면 우리는 이전에 이 날을 산 적이 없고, 다시는 이 날을 살지 못할 것이며, 우리가 가진 유일한 날이기 때문이다.

윌리엄 아서 워드 William Arthur Ward

0181   There is a difference between listening and waiting for your turn to speak.

듣는 것과 자신이 말할 차례를 기다리는 것 사이에는 차이가 있다.

사이먼 시넥 Simon Sinek

0182   Real wisdom is not the knowledge of everything, but the knowledge of which things in life are necessary, which are less necessary, and which are completely unnecessary to know.

진정한 지혜란 모든 것을 아는 것이 아니라, 인생에서 무엇이 꼭 필요한지, 덜 필요한지, 전혀 안 필요 없는지를 아는 것이다.

레프 톨스토이 Leo Tolstoy

0183   People are definitely a company's greatest asset. It doesn't make any difference whether the product is cars or cosmetics. A company is only as good as the people it keeps.

사람이야말로 기업의 가장 훌륭한 자산이다. 그 회사가 자동차를 만들든 화장품을 만들든 상관없다. 회사는 그 회사가 보유한 사람들만큼만 훌륭하다.

메리 케이 애시 Mary Kay Ash

0184   Mothers are life's number one cheerleaders without uniforms.

어머니는 유니폼을 입지 않은 인생 최고의 응원단장이다.

레이철 E. 굿리치 Richelle E. Goodrich

0185   A mind that is stretched by a new experience can never go back to its old dimensions.

새로운 경험에 의해 확장된 마음은 결코 이전의 차원으로 돌아갈 수 없다.

올리버 웬델 홈스 주니어 Oliver Wendell Holmes Jr.

0186 Nobody grows old merely by living a number of years. We grow old by deserting our ideals. Years may wrinkle the skin, but to give up enthusiasm wrinkles the soul.

단순히 몇 년을 사는 것만으로는 아무도 늙지 않는다. 우리는 이상을 버릴 때 늙는 것이다. 세월은 피부에 주름을 만들 수 있지만, 열정을 포기하는 것은 영혼을 주름지게 한다.

새뮤얼 울만 Samuel Ullman

0187 If I had to live my life again, I'd make the same mistakes, only sooner.

만약 인생을 다시 산다면, 같은 실수들을 하겠지만 더 빨리 하겠다.

털룰라 뱅크헤드 Tallulah Bankhead

0188 The average person puts only 25% of his energy and ability into his work. The world takes off its hat to those who put in more than 50% of their capacity, and stands on its head for those few and far between souls who devote 100%.

보통 사람은 자신의 에너지와 능력의 25%만을 일에 쏟는다. 세상은 50% 이상을 쏟는 이들에게 모자를 벗어 존경을 표하며, 극소수이지만 100%를 헌신하는 이들에게는 경탄을 금치 못한다.

앤드루 카네기 Andrew Carnegie

0189　The next time you experience a blackout, take some solace by looking at the sky. You will not recognize it.

다음번에 정전을 경험하게 되면, 하늘을 바라보며 위안을 얻어라. 당신 평소에 보던 밤하늘이 아닐 것이다.

나심 니콜라스 탈레브 Nassim Nicholas Taleb

0190　The way to know life is to love many things.

인생을 깨닫는 방법은 많은 것들을 사랑하는 것이다.

빈센트 반 고흐 Vincent Van Gogh

0191　Watch what people are cynical about, and one can often discover what they lack.

사람들이 무엇에 냉소적인지 살펴보면, 그들에게 무엇이 부족한지 알 수 있다.

해리 에머슨 포스딕 Harry Emerson Fosdick

0192　Time is the scarcest resource and unless it is managed nothing else can be managed.

시간은 가장 희소한 자원이며, 시간이 관리되지 않으면, 다른 어떤 것도 관리될 수 없다.

피터 드러커 Peter Drucker

0193　When you arise in the morning, think of what a precious privilege it is to be alive.

아침에 일어날 때, 살아 있다는 것이 얼마나 귀중한 특권인지 생각하라.

마르쿠스 아우렐리우스 Marcus Aurelius

0194　The only real security that a man can have in this world is a reserve of knowledge, experience, and ability.

이 세상에서 사람이 기될 수 있는 유일한 진짜 안전은 지식, 경험, 능력의 축적이다.

헨리 포드 Henry Ford

0195　Inaction breeds doubt and fear. Action breeds confidence and courage. If you want to conquer fear, do not sit home and think about it. Go out and get busy.

행동하지 않는 것은 의심과 두려움을 낳는다. 행동은 자신감과 용기를 낳는다. 두려움을 극복하고 싶다면, 집에 앉아서 그것에 대해 생각하지 마라. 나가서 바쁘게 살아라.

데일 카네기 Dale Carnegie

0196　A happy family is but an earlier heaven.

행복한 가정은 이 세상에서 미리 누리는 천국이다.

존 보링 경 Sir John Bowring

0197　Our dead are never dead to us, until we have forgotten them.

우리가 그들을 잊기 전까지, 죽은 이들은 결코 우리에게 죽은 존재가 아니다.

조지 엘리엇 George Eliot

0198　One change always leaves the way open for the establishment of others.

하나의 변화는 항상 다른 변화들이 자리 잡을 수 있는 길을 열어둔다.

니콜로 마키아벨리 Niccolo Machiavelli

0199　In times of rapid change, experience could be your worst enemy.

급변하는 시대에는 경험이 최악의 적이 될 수 있다.

J. 폴 게티 J. Paul Getty

0200　The best investment you can make, is an investment in yourself… The more you learn, the more you'll earn.

최고의 투자는 자신에 대한 투자이다… 더 많이 배울수록 더 많은 것을 얻을 수 있다.

워런 버핏 Warren Buffett

0201   In the right company, even an empty room is full of joy.

마음이 맞는 사람들과 함께라면, 아무 것도 없는 빈 방도 기쁨으로 가득하다.

윌리엄 쿠퍼 William Cowper

0202   A brother may not be a friend, but a friend will always be a brother.

형제는 친구가 아닐 수도 있지만, 친구는 항상 형제가 될 것이다.

벤저민 프랭클린 Benjamin Franklin

0203   A very little key will open a very heavy door.

아주 작은 열쇠가 아주 무거운 문을 열 수 있다.

찰스 디킨스 Charles Dickens

0204　　Pay attention to your enemies, for they are the first to discover your mistakes.

당신의 적에게 주의를 기울여라, 그들이 당신의 실수를 가장 먼저 발견할 것이기 때문이다.

안티스테네스 Antisthenes

0205　　The greatest gifts you can give your child are the roots of responsibility and the wings of independence.

아이에게 줄 수 있는 가장 큰 선물은 책임감이라는 뿌리와 독립심이라는 날개이다.

데니스 웨이틀리 Denis Waitley

0206　　It is the peculiar quality of a fool to perceive the faults of others and to forget his own.

다른 사람의 잘못을 인지하고 자신의 잘못은 잊어버리는 것은 어리석은 사람의 특유의 자질이다.

마르쿠스 툴리우스 키케로 Marcus Tullius Cicero

0207　Nothing is particularly hard if you subdivide it into small jobs.

어떤 일이라도 작은 일로 세분화하면 특별히 어렵지 않다.

헨리 포드 Henry Ford

0208　Always be ready to speak your mind, and a base man will avoid you.

항상 당신의 생각을 말할 준비가 되어 있어라. 그러면 비열한 사람들은 당신을 피할 것이다.

윌리엄 블레이크 William Blake

0209　In the end, it's not what you have or even what you've accomplished. It's about who you've lifted up, who you've made better. It's about what you've given back.

결국, 중요한 것은 당신이 가진 것이나 당신이 이룬 것이 아니다. 중요한 것은 당신이 누구를 고양시키고, 누구를 더 나아지게 했는지이다. 그것은 당신이 무엇을 돌려주었는지에 관한 것이다.

덴젤 워싱턴 Denzel Washington

0210　If you want to test your memory, try to recall what you were worrying about one year ago today.

당신의 기억력을 테스트하고 싶다면, 1년 전 오늘 당신이 걱정하던 것을 기억해 보라.

E. 조지프 코스먼 E. Joseph Cossman

0211　Eat your food as your medicines. Otherwise, you have to eat medicines as your food.

음식을 약처럼 먹어라. 그렇지 않으면, 약을 음식처럼 먹어야 할 것이다.

미상 Unknown

0212　Whoever is happy will make others happy too.

행복한 사람은 다른 사람들도 행복하게 만들 것이다.

안네 프랑크 Anne Frank

0213　To one who has faith, no explanation is necessary. To one without faith, no explanation is possible.

믿음을 가진 사람에게는 어떤 설명도 필요하지 않다. 믿음이 없는 사람에게는 어떤 설명도 불가능하다.

토머스 아퀴나스 Thomas Aquinas

0214　The real voyage of discovery consists not in seeking new landscapes, but in having new eyes.

진정한 발견의 여정은 새로운 풍경을 찾는 것이 아니라 새로운 눈을 갖는 데 있다.

마르셀 프루스트 Marcel Proust

0215　The problem is not the problem; the problem is your attitude about the problem.

문제 자체는 문제가 아니다. 문제는 그 문제에 대한 당신의 태도다.

캡틴 잭 스패로우 Captain Jack Sparrow

0216　Great minds are to make others great. Their superiority is to be used, not to break the multitude to intellectual vassalage, not to establish over them a spiritual tyranny, but to rouse them from lethargy, and to aid them to judge for themselves.

위대한 지성은 다른 이들을 위대하게 만들기 위한 것이다. 그들의 우월성은 대중을 지적 노예로 만들거나 영적 폭정을 세우는 데 사용되는 것이 아니라, 사람들이 무기력에서 깨어나 스스로 판단할 수 있도록 돕는 데 사용되어야 한다.

윌리엄 엘러리 채닝 William Ellery Channing

0217　In the realm of ideas everything depends on enthusiasm; in the real world all rests on perseverance.

발상의 영역에서는 모든 것이 열정에 달려 있고, 현실 세계에서는 모든 것이 인내에 달려 있다.

요한 볼프강 폰 괴테 Johann Wolfgang von Goethe

0218　Wealth is like sea-water; the more we drink, the thirstier we become; and the same is true of fame.

부(富)는 바닷물과 같다. 마실수록 더 갈증이 난다. 명성도 마찬가지다.

아르투어 쇼펜하우어 Arthur Schopenhauer

0219　At times our own light goes out and is rekindled by a spark from another person. Each of us has cause to think with deep gratitude of those who have lighted the flame within us.

때때로 우리 자신의 불빛이 꺼졌다가 다른 사람의 불꽃에 의해 다시 불타오르기도 한다. 우리 모두는 우리 안에 불꽃을 밝혀준 사람들에게 깊은 감사의 마음을 가져야 할 이유가 있다.

알베르트 슈바이처 Albert Schweitzer

0220　A phone call from someone you love can change your whole day.

사랑하는 사람으로부터 온 전화 한 통이 당신의 하루 전체를 바꿀 수 있다.

세라 애디슨 앨런 Sarah Addison Allen

0221　People are pretty much alike. It's only that our differences are more susceptible to definition than our similarities.

사람들은 거의 비슷하다. 단지 우리의 차이가 닮은 점보다 정의되기 더 쉬울 뿐이다.

린다 엘러비 Linda Ellerbee

0222　　The whole is greater than the sum of its parts.

전체는 부분의 합보다 크다.

아리스토텔레스 Aristotle

0223　　If a good face is a letter of recommendation, a good heart is a letter of credit.

좋은 얼굴이 추천서라면, 좋은 마음은 신용장이다.

에드워드 불러리튼 Edward Bulwer-Lytton

0224　　It doesn't matter how many say it cannot be done or how many people have tried it before; it's important to realize that whatever you're doing, it's your first attempt at it.

그것을 할 수 없다고 말하는 사람이 아무리 많아도, 그 전에 시도한 사람이 아무리 많아도 상관없다. 중요한 것은 당신이 무엇을 하든 그것이 당신의 첫 번째 시도라는 것을 깨닫는 것이다.

월리 아모스 Wally Amos

0225   Fortune knocks but once, but misfortune has much more patience.

행운은 한 번만 찾아오지만, 불운은 훨씬 더 끈질기게 찾아온다.

로런스 J. 피터 Laurence J. Peter

0226   Don't send me flowers when I'm dead. If you like me, send them while I'm alive.

제가 죽었을 때 꽃을 보내지 마세요. 저를 좋아한다면 제가 살아 있을 때 보내주세요.

브라이언 클러프 Brian Clough

0227   I guess love is just a word until someone comes along and gives it meaning.

사랑은 누군가가 나타나서 그것에 의미를 부여하기 전까지는 그냥 단어일 뿐인 것 같다.

파울로 코엘료 Paulo Coelho

0228   A compromise is the art of dividing a cake in such a way that everyone believes he has the biggest piece.

타협이란 모든 사람이 자신이 가장 큰 조각을 가졌다고 믿도록 케이크를 나누는 기술이다.

루트비히 에르하르트 Ludwig Erhard

0229   Basically, when you get to my age, you'll really measure your success in life by how many of the people you want to have love you actually do love you.

기본적으로, 내 나이쯤 되면 당신을 사랑해 주기를 바라는 사람들 중 실제로 얼마나 많은 사람들이 당신을 사랑하는지에 따라 인생의 성공을 가늠하게 될 것이다.

워런 버핏 Warren Buffett

0230   The nature of human beings is that they'd far rather face the disaster that is happening tonight than the one that is happening tomorrow.

인간의 본성은 내일 일어날 재앙보다는 오늘 밤 일어날 재앙에 직면하는 것을 훨씬 선호한다는 것이다.

데이비드 애튼버러 David Attenborough

0231 It is only with the heart that one can see rightly; what is essential is invisible to the eye.

마음으로만 제대로 볼 수 있어. 본질적인 것은 눈에 보이지 않아.

앙투안 드 생텍쥐페리 Antoine de Saint-Exupery

0232 Speak your mind, even if your voice shakes.

목소리가 떨려도 당신의 생각을 말하라.

매기 쿤 Maggie Kuhn

0233 Yesterday is gone. Tomorrow has not yet come. We have only today. Let us begin.

어제는 사라졌습니다. 내일은 아직 오지 않았습니다. 우리는 오직 오늘만을 가지고 있습니다. 시작합시다.

마더 테레사 Mother Teresa

0234   A man who has never gone to school may steal from a freight car; but if he has a university education, he may steal the whole railroad.

　　　학교를 다니지 않은 사람은 화물차에서 도둑질을 할 수 있지만, 대학교육을 받은 사람은 철도를 통째로 훔칠 수도 있다.

시어도어 루스벨트 Theodore Roosevelt

0235   Flattery corrupts both the receiver and the giver.

　　　아첨은 받는 사람과 하는 사람 모두를 타락시킨다.

에드먼드 버크 Edmund Burke

0236   Nothing brings people together more, then mutual hatred.

　　　서로를 증오하는 것만큼 사람들을 하나로 모으는 것은 없다.

헨리 롤린스 Henry Rollins

0237　The best way to predict the future is to create it. And you already have the power to do so.

미래를 예측하는 최선의 방법은 그것을 창조하는 것이다. 그리고 당신은 이미 그렇게 할 힘을 가지고 있다.

앨런 케이 Alan Kay

0238　Happy is the man who finds a true friend, and far happier is he who finds that true friend in his wife.

진정한 친구를 찾은 사람은 행복하고, 그 진정한 친구를 아내에게서 찾은 사람은 훨씬 더 행복하다.

미상 Unknown

0239　Good ideas are common – what's uncommon are people who'll work hard enough to bring them about.

좋은 발상은 흔하다. 흔치 않은 것은 그것을 실현할 만큼 열심히 일할 사람들이다.

애슐리 브릴리언트 Ashleigh Brilliant

0240 A broken bone can heal, but the wound a word opens can fester forever.

부러진 뼈는 나을 수 있지만, 말이 낸 상처는 영원히 곪을 수 있다.

제서민 웨스트 Jessamyn West

0241 All truly great thoughts are conceived while walking.

모든 진정한 위대한 생각은 걷는 동안에 잉태된다.

프리드리히 니체 Friedrich Nietzsche

0242 A little bit of mercy makes the world less cold and more just.

약간의 자비는 세상을 덜 차갑게 그리고 더 정의롭게 만든다.

교황 프란치스코 Pope Francis

0243 Keep your friends close, but your enemies closer.

친구들은 가까이 두되, 적들은 더 가까이 두어라.

마리오 푸조 Mario Puzo

0244 If I have seen further than others, it is by standing upon the shoulders of giants.

만약 내가 다른 사람들보다 더 멀리 보았다면, 그것은 거인들의 어깨 위에 서 있었기 때문이다.

아이작 뉴턴 Isaac Newton

0245 Every animal leaves traces of what it was; man alone leaves traces of what he created.

모든 동물은 그 존재의 흔적을 남기지만, 인간만이 자신이 창조한 것의 흔적을 남긴다.

제이콥 브로노우스키 Jacob Bronowski

0246　Good luck is when opportunity meets preparation, while bad luck is when lack of preparation meets reality.

행운은 기회와 준비가 만나는 것이고, 불운은 준비 부족과 현실이 만나는 것이다.

엘리야후 골드랫 Eliyahu Goldratt

0247　Tired minds don't plan well. Sleep first, plan later.

피곤한 마음은 계획을 잘 세우지 못한다. 먼저 잘 자고, 나중에 계획하라.

발터 라이슈 Walter Reisch

0248　If you want peace, stop fighting. If you want peace of mind, stop fighting with your thoughts.

평화를 원한다면 싸움을 멈춰라. 마음의 평화를 원한다면 생각과의 싸움을 멈춰라.

피터 맥윌리엄스 Peter McWilliams

0249   A day of worry is more exhausting than a week of work.

하루 동안 걱정하는 것이 일주일 동안 일하는 것보다 더 피곤하다.

존 러벅 John Lubbock

0250   If there's a book that you want to read, but it hasn't been written yet, then you must write it.

읽고 싶은 책이 있는데 아직 쓰여지지 않았다면, 당신이 그것을 써야 한다.

토니 모리슨 Toni Morrison

0251   Write what should not be forgotten.

잊혀져서는 안 될 것을 쓰세요.

이사벨 아옌데 Isabel Allende

0252　All human wisdom is summed up in two words; wait and hope.

　　　인간의 모든 지혜는 두 단어로 요약된다. 기다림과 희망이다.

　　　　　　　　　　　　　　　　　　　알렉상드르 뒤마 Alexandre Dumas

0253　Things are not always as they seem; the first appearance deceives many.

　　　세상이 항상 보이는 그대로인 것은 아니다. 그렇게 첫인상이 많은 사람을 속인다.

　　　　　　　　　　　　　　　　　　　플라톤 Plato

0254　Since the dawn of time man understands that suffering, faced with no fear, is his passport to freedom.

　　　인류는 태초부터, 두려움 없이 마주한 고통이 자유로 가는 여권이라는 것을 깨달아왔다.

　　　　　　　　　　　　　　　　　　　파울로 코엘료 Paulo Coelho

0255　The world is full of suffering but it is also full of people overcoming it.

세상은 고통으로 가득하지만, 그것을 극복하는 사람들로도 가득하다.

헬렌 켈러 Helen Keller

0256　Life is beautiful because it doesn't last.

인생이 아름다운 이유는 영원하지 않기 때문이다.

브릿 말링 Brit Marling

0257　To have another language is to possess a second soul.

다른 언어를 갖는 것은 두 번째 영혼을 소유하는 것이다.

카롤루스 대제 Charlemagne

0258　It is better to learn late than never.

늦게 배우는 것이 전혀 배우지 않는 것보다 낫다.

푸블릴리우스 시루스 Publilius Syrus

0259　The test of police efficiency is the absence of crime and disorder, not the visible evidence of police action in dealing with it.

경찰의 효율성을 평가하는 기준은 범죄와 무질서의 부재이지, 이를 처리하는 가시적 행동의 증거가 아니다.

로버트 필 Robert Peel

0260　Few people have the wisdom to prefer the criticism that would do them good, to the praise that deceives them.

자신을 속이는 칭찬보다 자신에게 도움이 되는 비판을 선호할 지혜를 가진 사람은 거의 없다.

프랑수아 드 라로슈푸코 François de La Rochefoucauld

0261 I've never known any trouble that an hour's reading didn't assuage.

한 시간 독서로 누그러지지 않은 걱정은 결코 없다.

몽테스키외 Charles De Secondat

0262 Suppose you like someone very much. Then, by a familiar halo effect, you will also be prone to believe many good things about that person - you will be biased in their favor. Most of us like ourselves very much, and that suffices to explain self-assessments that are biased in a particular direction.

누군가를 아주 좋아한다고 가정해보자. 그러면 익숙한 후광 효과로 인해 그 사람에 대해 좋은 점을 많이 믿게 되고, 그 사람에게 유리한 쪽으로 편향되게 된다. 우리 대부분은 자신을 매우 좋아하며, 이는 특정 방향으로 편향된 자기 평가를 설명하기에 충분하다.

대니얼 카너먼 Daniel Kahneman

0263 You can't hit a home run unless you step up to the plate.

타석에 서지 않으면 홈런을 칠 수 없다.

베이브 루스 Babe Ruth

0264 There is no sadder sight than a young pessimist.

젊은 비관론자보다 더 슬픈 모습은 없다.

마크 트웨인 Mark Twain

0265 Be sure to check your priorities. Start with what's most important and get it done. Live like that for a year.

우선 순위를 반드시 점검하세요. 가장 중요한 것부터 완벽하게 끝내세요. 그렇게 딱 1년만 살아보세요.

신영준 Youngjun Shin

0266 A man is but the product of his thoughts. What he thinks, he becomes.

인간은 오직 사고의 산물일 뿐이다. 그가 생각하는 것이 곧 그가 되는 것이다.

마하트마 간디 Mahatma Gandhi

0267　We learn more by looking for the answer to a question and not finding it than we do from learning the answer itself.

우리는 어떤 질문의 답을 찾으려 애쓰다 끝내 찾지 못하는 과정에서, 그 답을 바로 아는 것보다 더 많이 배운다.

로이드 알렉산더 Lloyd Alexander

0268　A real failure does not need an excuse. It is an end in itself.

진정한 실패는 변명이 필요 없다. 그것 자체가 하나의 끝이다.

거트루드 스타인 Gertrude Stein

0269　There is no greater power on this earth than story.

이 지구상에서 이야기보다 더 큰 힘은 없다.

리바 브레이 Libba Bray

0270 I think the definition of crazy is doing the same thing over and over again and expecting a different result.

나는 정신 나간 행동의 정의는 같은 일을 반복해서 하면서도 다른 결과를 기대하는 것이라고 생각한다.

리타 메이 브라운 Rita Mae Brown

0271 When one door shuts, another opens, but we often look so long and so regretfully upon the closed door that we do not see the one which has opened for us.

한 문이 닫히면 다른 문이 열리지만, 우리는 종종 너무 오랫동안 그리고 후회스럽게 닫힌 문을 바라봐서 우리를 위해 열린 문을 보지 못한다.

헬렌 켈러 Helen Keller

0272 Most businesses think that product is the most important thing, but without great leadership, mission and a team that deliver results at a high level, even the best product won't make a company successful.

대부분의 기업은 제품이 가장 중요하다고 생각한다. 하지만 훌륭한 리더십, 분명한 사명감, 그리고 높은 수준의 성과를 내는 팀이 없다면, 최고의 제품조차도 회사를 성공으로 이끌 수 없다.

로버트 기요사키 Robert Kiyosaki

0273   It's not about marrying the right person, it's about being the right person.

중요한 것은 올바른 사람과 결혼하는 것이 아니라, 내가 올바른 사람이 되는 것이다.

로버트 A. 롬 Robert A. Rohm

0274   A people that values its privileges above its principles soon loses both.

원칙보다 특권을 중시하는 국민은 곧 둘 다 잃는다.

드와이트 D. 아이젠하워 Dwight D. Eisenhower

0275   Absence is to love what wind is to fire; it extinguishes the small, it enkindles the great.

부재(不在)가 사랑에게 주는 영향은 바람이 불에게 주는 영향과 같다. 작은 불은 꺼뜨리지만, 큰 불은 더욱 타오르게 한다.

로제 드 라뷔탱 Roger de Rabutin

0276　One cannot buy, rent or hire more time. The supply of time is totally inelastic. No matter how high the demand, the supply will not go up.

누구도 시간을 더 사거나 빌리거나 고용할 수 없다. 시간 공급은 완전히 비탄력적이다. 수요가 아무리 많아도 공급은 늘어나지 않을 것이다.

피터 드러커 Peter Drucker

0277　The more you try to avoid suffering, the more you suffer, because smaller and more insignificant things begin to torture you, in proportion to your fear of being hurt. The one who does most to avoid suffering is, in the end, the one who suffers most.

고통을 피하려고 할수록 더 많이 고통받게 된다. 왜냐하면 상처받는 것에 대한 두려움에 비례하여 더 작고 사소한 것들이 당신을 괴롭히기 시작하기 때문이다. 고통을 피하려고 가장 많이 노력하는 사람이 결국 가장 많이 고통받는 사람이다.

토머스 머튼 Thomas Merton

0278　True love begins when nothing is looked for in return.

진정한 사랑은 그 대가로 아무것도 바라지 않을 때 시작된다.

앙투안 드 생텍쥐페리 Antoine de Saint-Exupéry

0279   If evil be spoken of you and it be true, correct yourself, if it be a lie, laugh at it.

누군가 당신을 헐뜯고 그리고 그것이 사실이라면 스스로 바로잡고, 거짓이라면 가볍게 웃어넘겨라.

에픽테토스 Epictetus

0280   You'll never find your limits until you've gone too far.

한계를 넘어서 보기 전까지는 자신의 한계를 절대 알 수 없다.

애런 랠스턴 Aron Ralston

CHAPTER

3

0281　When you shoot an arrow of truth, dip its point in honey.

진실의 화살을 쏠 때, 화살 끝을 꿀에 담가라.

아랍 속담 Arabic Proverb

0282　Faith makes all things possible... love makes all things easy.

믿음은 모든 것을 가능하게 하고... 사랑은 모든 것을 쉽게 만든다.

드와이트 L. 무디 Dwight L. Moody

0283　The most important thing in the Olympic Games is not winning but taking part; the essential thing in life is not conquering but fighting well.

올림픽 경기에서 가장 중요한 것은 이기는 것이 아니라 참가하는 것이다. 마찬가지로 인생에서 본질적인 것은 정복이 아니라 훌륭히 싸우는 것이다.

피에르 드 쿠베르탱 Pierre de Coubertin

0284　Whoever saves one life, it is as if he had saved all of humanity

한 생명을 구하는 사람은 모든 인류를 구한 것과 같다.

탈무드 The Talmud

0285　We swallow greedily any lie that flatters us, but we sip only little by little at a truth we find bitter.

우리는 아첨하는 거짓말은 탐욕스럽게 삼키지만, 쓰라린 진실은 아주 조금씩만 홀짝인다.

드니 디드로 Denis Diderot

0286　The bond that links your true family is not one of blood, but of respect and joy in each other's life.

진정한 가족을 연결하는 유대는 혈연이 아니라 서로의 삶에 대한 존중과 기쁨이다.

리처드 바크 Richard Bach

0287　Isn't it amazing how much stuff we get done the day before vacation?

휴가 전날에 얼마나 많은 일을 해내는지 놀랍지 않나요?

지그 지글러 Zig Ziglar

0288　I've missed more than 9000 shots in my career. I've lost almost 300 games. 26 times, I've been trusted to take the game winning shot and missed. I've failed over and over and over again in my life. And that is why I succeed.

선수 생활을 통틀어 나는 9,000개 이상 슛을 놓쳤다. 거의 300회의 경기에서 패배했다. 경기를 뒤집을 수 있는 슛 기회에서 26번 실패했다. 나는 살아오면서 계속 실패를 거듭했다. 그것이 내가 성공한 이유다.

마이클 조던 Michael Jordan

0289　Life isn't about wishing you were somewhere, or someone that you're not. Life is about enjoying where you are, loving who you are and consistently improving both.

인생은 당신이 다른 곳에 있거나 다른 사람이기를 바라는 것에 관한 것이 아니다. 인생은 당신이 있는 곳을 즐기고, 당신이라는 사람을 사랑하며, 둘 다를 지속적으로 개선해 나가는 것에 관한 것이다.

할 엘로드 Hal Elrod

0290　Dear future, I am ready for you. Whatever you bring, I will face it with courage and grace.

사랑하는 미래여, 나는 너를 맞을 준비가 되었다. 네가 무엇을 가져오든, 나는 용기와 품격으로 맞설 것이다.

미상 Unknown

0291　Thought is an infection. In the case of certain thoughts, it becomes an epidemic.

생각은 전염병이다. 어떤 생각들의 경우에 그것은 유행병이 된다.

월리스 스티븐스 Wallace Stevens

0292　My mother told me to be a lady. And for her, that meant be your own person, be independent.

어머니는 저에게 숙녀가 되라고 말씀하셨어요. 어머니에게 숙녀가 된다는 것은 자신만의 정체성을 갖고 독립적인 사람이 되라는 뜻이었죠.

루스 베이더 긴즈버그 Ruth Bader Ginsburg

0293　If you must speak ill of another, do not speak it, write it in the sand near the water's edge.

다른 사람에 대해 험담을 해야 한다면, 말하지 말고 물가 근처의 모래에 적어라.

나폴레온 힐 Napoleon Hill

0294　Someone is sitting in the shade today because someone planted a tree a long time ago.

오늘 누군가가 그늘에 앉아 있는 것은 오래 전에 누군가가 나무를 심었기 때문이다.

워런 버핏 Warren Buffett

0295　When you really listen to another person from their point of view, and reflect back to them that understanding, it's like giving them emotional oxygen.

상대방의 입장에서 진심으로 경청하고, 그 이해를 다시 상대방에게 되돌려주는 것은, 그들에게 정서적 산소를 공급하는 것과 같다.

스티븐 코비 Stephen Covey

0296　When anxious, uneasy and bad thoughts come, I go to the sea, and the sea drowns them out with its great wide sounds, cleanses me with its noise, and imposes a rhythm upon everthing in me that is bewildered and confused.

불안하고 걱정스럽고 나쁜 생각이 떠오를 때 나는 바다로 간다. 바다는 크고 넓은 소리로 그 생각들을 삼켜버리고, 부서지는 파도 소리로 나를 정화하며, 혼란스럽고 당황한 내 안의 모든 것들에 리듬을 부여한다.

라이너 마리아 릴케 Rainer Maria Rilke

0297　It's never a done deal until it's a done deal.

완전히 끝날 때까지는 절대 끝난 것이 아니다.

알렉산드라 다다리오 Alexandra Daddario

0298　The only thing we have to fear is fear itself. Probably because fear paralyzes us more than the actual problem.

우리가 두려워해야 할 유일한 것은 두려움 그 자체이다. 아마도 두려움이 실제 문제보다 우리를 더 마비시기기 때문이다.

프랭클린 D. 루스벨트 Franklin D. Roosevelt

0299　The greatest fear dogs know is the fear that you will not come back when you go out the door without them.

개들이 아는 가장 큰 두려움은 당신이 그들 없이 문을 나갔을 때 돌아오지 않을 것이라는 두려움이다.

스탠리 코렌 Stanley Coren

0300　To read without reflecting is like eating without digesting.

생각하지 않고 읽는 것은 소화하지 않고 먹는 것과 같다.

에드먼드 버크 Edmund Burke

0301　Trying to predict the future is like trying to drive down a country road at night with no lights while looking out the back window.

미래를 예측하는 것은 밤에 불빛이 없는 시골길을 뒤쪽 창밖을 보면서 운전하는 것과 같다.

피터 드러커 Peter Drucker

0302   If you improve by 10% each month, you can achieve approximately a threefold improvement in a year.

매달 10%씩 향상시킨다면 1년 동안 약 3배의 발전을 이룰 수 있다.

신영준 Youngjun Shin

0303   Unless both sides win, no agreement can be permanent.

양쪽 모두 이기지 않으면, 어떤 합의도 영구적일 수 없다.

지미 카터 Jimmy Carter

0304   Expect the best, plan for the worst, and prepare to be surprised.

최고를 기대하고, 최악에 대비하며, 놀랄 준비를 하라.

데니스 웨이틀리 Denis Waitley

0305 Pain and pleasure, like light and darkness, succeed each other.

고통과 쾌락은 빛과 어둠처럼 서로를 뒤따른다.

로런스 스턴 Laurence Sterne

0306 Death is not the greatest loss in life. The greatest loss is what dies inside us while we live.

죽음이 인생에서 가장 큰 손실은 아니다. 가장 큰 손실은 우리가 살아있는 동안 우리 안에서 죽어가는 것이다.

노먼 커즌스 Norman Cousins

0307 The best executive is one who has sense enough to pick good people to do what he wants done, and self-restraint enough to keep from meddling with them while they do it.

최고의 경영자는 자신이 원하는 일을 할 수 있는 좋은 사람을 고를 수 있는 감각과 그들이 일을 하는 동안 간섭하지 않을 수 있는 자제력을 갖춘 사람이다.

시어도어 루스벨트 Theodore Roosevelt

0308　Partying is such sweet sorrow.

파티는 참으로 달콤한 슬픔이다.

로버트 번 Robert Byrne

0309　A man with a briefcase can steal millions more than any man with a gun.

서류 가방을 든 남자는 총을 든 남자보다 수십억 원을 더 많이 훔칠 수 있다.

돈 헨리 Don Henley

0310　Money is numbers and numbers never end. If it takes money to be happy, your search for happiness will never end.

돈은 숫자이고 숫자는 끝이 없다. 행복하기 위해 돈이 필요하다면, 당신의 행복을 찾는 여정은 절대 끝나지 않을 것이다.

밥 말리 Bob Marley

0311　Dream big enough to scare you. You're going to get to someplace you might not have imagined yourself getting to.

당신을 두렵게 할 만큼 크게 꿈꾸어라. 그러면 언젠가 스스로 상상조차 못 했던 곳에 다다르게 될 것이다.

린다 토머스그린필드 Linda Thomas-Greenfield

0312　Never go to a doctor whose office plants have died.

사무실 화분이 죽은 의사에게는 절대 가지 마라.

어마 봄벡 Erma Bombeck

0313　A person is not old until regrets take the place of dreams.

사람은 후회가 꿈의 자리를 차지할 때까지는 늙지 않는다.

존 배리모어 John Barrymore

0314	We promise according to our hopes and perform according to our fears.

우리는 희망에 따라 약속하고 두려움에 따라 행동한다.

프랑수아 드 라로슈푸코 Francois de La Rochefoucauld

0315	The greatest day in your life and mine is when we take total responsibility for our attitudes. That's the day we truly grow up.

당신과 내 인생에서 가장 위대한 날은, 우리의 태도에 대해 전적인 책임을 지는 날이다. 그날이 바로 우리가 진정으로 어른이 되는 날이다.

존 C. 맥스웰 John C. Maxwell

0316	Even a happy life cannot be without a measure of darkness, and the word happy would lose its meaning if it were not balanced by sadness. It is far better take things as they come along with patience and equanimity.

행복한 인생이라도 어느 정도의 어둠 없이는 불가능하며, 슬픔과 균형을 이루지 않는다면 행복이라는 말은 그 의미를 잃을 것이다. 그러므로 일어나는 일들을 인내심과 평정심으로 받아들이는 것이 훨씬 낫다.

카를 융 Carl Jung

0317　If you don't set goals for yourself, you are doomed to achieve the goals of someone else.

스스로 목표를 설정하지 않으면 다른 사람의 목표를 달성할 수밖에 없는 운명에 처하게 됩니다.

브라이언 트레이시 Brian Tracy

0318　You can cut all the flowers but you cannot keep spring from coming.

모든 꽃을 잘라낼 수는 있겠지만, 봄이 오는 것을 막을 수는 없다.

파블로 네루다 Pablo Neruda

0319　A healthy body is a guest chamber for the soul: a sick body is a prison.

건강한 몸은 영혼을 위한 객실이고, 병든 몸은 영혼의 감옥이다.

프랜시스 베이컨 Francis Bacon

0320　Chance favors the prepared mind.

　　　기회는 준비된 마음을 선호한다.

　　　　　　　　　　　　　　　　　루이 파스퇴르 Louis Pasteur

0321　Death ends a life, not a relationship.

　　　죽음으로 삶이 끝나는 것이지 관계가 끝나는 것은 아니다.

　　　　　　　　　　　　　　　　　로버트 앤더슨 Robert Anderson

0322　Whatever is done for love always occurs beyond good and evil.

　　　사랑을 위해 행해진 모든 것은 언제나 선과 악을 넘어서 일어난다.

　　　　　　　　　　　　　　　　　프리드리히 니체 Friedrich Nietzsche

0323 The pursuit of truth will set you free; even if you never catch up with it.

진실을 추구하는 것이 당신을 자유롭게 할 것이다. 설사 그것을 결코 따라잡지 못한다 하더라도.

클래런스 대로 Clarence Darrow

0324 Sometimes you will never know the value of a moment until it becomes a memory.

때로는 그 순간이 추억이 될 때까지 그 순간의 가치를 절대 알 수 없다.

닥터 수스 Dr. Seuss

0325 The reading of all good books is like a conversation with the finest men of past centuries.

좋은 책을 읽는 것은 지난 세기의 가장 훌륭한 사람들과 이야기를 나누는 것과 같다.

르네 데카르트 Rene Descartes

0326   Take calculated risks. That is quite different from being rash.

계산된 위험은 감수하라. 그것은 무모함과는 전혀 다르다.

조지 S. 패튼 George S. Patton

0327   Experience is a good school. But the fees are high.

경험은 훌륭한 학교다. 그러나 수업료가 비싸다.

하인리히 하이네 Heinrich Heine

0328   Always do right. This will gratify some people and astonish the rest.

항상 옳은 일을 하라. 그러면 일부는 기뻐하고, 나머지는 놀랄 것이다.

마크 트웨인 Mark Twain

0329　The other side of every fear is a freedom.

모든 두려움의 반대편에는 자유가 있다.

매릴린 퍼거슨 Marilyn Ferguson

0330　Fun is one of the most important - and underrated - ingredients in any successful venture.

재미는 성공적인 모험에 있어 가장 중요하고 동시에 가장 과소평가된 요소 중 하나이다.

리처드 브랜슨 Richard Branson

0331　In order to understand the heart and mind of a person, look not at what he has already achieved, but at what he aspires to.

한 사람의 마음과 정신을 이해하기 위해서는 그가 이미 이룬 것을 보지 말고 그가 열망하는 것을 보라.

칼릴 지브란 Kahlil Gibran

0332　The essence of a town is not its buildings, but the people who live in them.

마을의 본질은 건물이 아니라, 그 안에 사는 사람들이다.

리처드 루소 Richard Russo

0333　Courage is doing what you are afraid to do. There can be no courage unless you are scared.

용기는 두려운 일을 하는 것이다. 두려워하지 않는다면 용기는 있을 수 없다.

에디 리켄배커 Eddie Rickenbacker

0334　The strong bond of friendship is not always a balanced equation; friendship is not always about giving and taking in equal shares. Instead, friendship is grounded in a feeling that you know exactly who will be there for you when you need something, no matter what or when.

우정이라는 강한 유대감이 항상 균형 잡힌 방정식은 아니며, 우정은 항상 동등한 몫을 주고받는 것이 아니다. 대신, 우정은 언제 어디서든 내가 필요한 때 누가 나를 위해 곁에 있어줄지 정확히 알고 있다는 느낌에 바탕을 두고 있다.

사이먼 시넥 Simon Sinek

0335 The line between good and evil is permeable and almost anyone can be induced to cross it when pressured by situational forces.

선과 악의 경계는 통과할 수 있는 여지가 있어서, 상황적인 압박을 받으면 거의 누구나 그 경계를 넘을 수 있다.

필립 잠바르도 Philip Zimbardo

0336 Two qualities are indispensable: first, an intellect that, even in the darkest hour, retains some glimmerings of the inner light which leads to truth; and second, the courage to follow this faint light wherever it may lead.

두 가지 자질이 절대적으로 필요하다. 첫 번째는 가장 어두운 시간에도 진리로 이끄는 내적 빛의 희미한 불빛을 간직하는 지성이고, 두 번째는 이 희미한 빛이 어디로 이끌든 따라갈 용기이다.

카를 폰 클라우제비츠 Carl von Clausewitz

0337 Work like you don't need the money. Love like you've never been hurt. Dance like nobody's watching.

돈이 필요 없는 것처럼 일하세요. 상처받은 적이 없는 것처럼 사랑하세요. 아무도 보고 있지 않는 것처럼 춤추세요.

새첼 페이지 Satchel Paige

0338　You never really know yourself until you see yourself under pressure.

압박을 받는 자신을 보기 전까지는 절대 자신을 제대로 알 수 없다.

조이스 마이어 Joyce Meyer

0339　Kindness in ourselves is the honey that blunts the sting of unkindness in another.

우리 안의 친절함은 타인의 불친절함의 가시를 무디게 만드는 꿀과 같다.

월터 새비지 랜도어 Walter Savage Landor

0340　Even though the future seems far away, it is actually beginning right now.

비록 미래가 멀리 있는 것처럼 보일지라도 사실 지금 시작되고 있다.

매티 스테파넥 Mattie Stepanek

0341　The trouble with doing something right the first time is that nobody appreciates how difficult it was.

처음부터 무언가를 제대로 해낼 때의 문제는 아무도 그것이 얼마나 어려웠는지 알아주지 않는다는 것이다.

월터 J. 웨스트 Walter J. West

0342　It's very important to like the people you work with. Otherwise, your job is going to be quite miserable.

함께 일하는 사람들을 좋아하는 것은 매우 중요하다. 그렇지 않으면 여러분의 일은 매우 비참해질 것이다.

일론 머스크 Elon Musk

0343　An approximate answer to the right problem is worth a good deal more than an exact answer to an approximate problem.

올바른 문제에 대한 대략적인 답은 대략적인 문제에 대한 정확한 답보다 훨씬 더 가치가 있다.

존 투키 John Tukey

0344 We came all this way to explore the moon, and the most important thing is that we discovered the Earth.

우리는 달을 탐사하기 위해 이 모든 길을 왔지만, 가장 중요한 것은 우리가 지구를 발견했다는 것이다.

윌리엄 앤더스 William Anders

0345 Many things inspire me, but at this moment in my life, my daughter is my greatest inspiration. Working hard has taken on a whole new meaning since I had her. I want to make a great life for myself so she can have a great life.

많은 것들이 나에게 영감을 주지만, 내 인생의 이 순간에 내 딸이 나의 가장 큰 영감이다. 딸을 갖고 나서 열심히 일한다는 것이 완전히 새로운 의미를 갖게 되었다. 딸이 훌륭한 삶을 살 수 있도록 나 자신을 위해 훌륭한 삶을 만들고 싶다.

로절린 산체스 Roselyn Sanchez

0346 No great genius has ever existed without some touch of madness.

위대한 천재는 언제나 어느 정도의 광기를 지니고 있었다.

로버트 버턴 Robert Burton

0347　Welcome out of the cave, my friend. It's a bit colder out here, but the stars are just beautiful.

동굴에서 나온 걸 환영한다네, 나의 친구. 밖은 조금 춥지만 별이 정말 아름답다네.

플라톤 Plato

0348　When you take a flower in your hand and really look at it, it's your world for the moment. I want to give that world to someone else. Most people in the city rush around so, they have no time to look at a flower. I want them to see it whether they want to or not.

한 송이 꽃을 손에 들고 천천히 바라보면, 그 순간 온 세상이 꽃 안에 담긴다. 나는 그 작은 세계를 다른 사람들에게도 전하고 싶다. 도시의 사람들은 늘 바쁘게 스쳐가 꽃을 볼 틈이 없다. 그래서 나는, 그들이 원치 않더라도 꽃을 마주하게 하고 싶다.

조지아 오키프 Georgia O'Keeffe

0349　People suffer because they are caught in their views. As soon as we release those views, we are free and we don't suffer anymore.

사람들은 자기 관점에 붙잡혀 있기 때문에 고통받는다. 그 관점을 놓는 즉시 우리는 자유로워지고, 더 이상 고통받지 않는다.

틱낫한 Thich Nhat Hanh

0350　　Force without reason falls of its own weight.

　　　　이성이 없는 힘은 그 자체의 무게로 무너지게 마련이다.

호라티우스 Horace

0351　　We may stumble and fall but shall rise again; it should be enough if we did not run away from the battle.

　　　　우리는 비틀거리고 넘어질 수 있지만 다시 일어날 것이다. 우리가 전투에서 도망치지 않았다면 그것으로 충분하다.

마하트마 간디 Mahatma Gandhi

0352　　The king must die so that the country can live.

　　　　나라가 살기 위해서는 왕이 죽어야 한다.

막시밀리앵 로베스피에르 Maximilien Robespierre

0353　The trust of the innocent is the liar's most useful tool.

순진한 사람들의 신뢰는 거짓말쟁이에게 가장 유용한 도구이다.

스티븐 킹 Stephen King

0354　The fastest way to change yourself is to hang out with people who are already the way you want to be.

자신을 변화시키는 가장 빠른 방법은 이미 자신이 원하는 모습으로 변한 사람들과 어울리는 것이다.

리드 호프먼 Reid Hoffman

0355　Behind every criticism is a veiled wish.

모든 비판의 이면에는 가려진 소망이 숨어 있다.

에스더 페렐 Esther Perel

0356   Once you've accepted your flaws, no one can use them against you.

자신의 결점을 받아들이면, 그 누구도 이를 악용할 수 없다.

조지 R.R 마틴 George R.R. Martin

0357   Being a good husband and father...that's the most important thing I'm going to do on this earth.

좋은 남편이자 아버지가 되는 것은... 그게 내가 이 세상에서 할 가장 중요한 일이다.

숀 마이클스 Shawn Michaels

0358   The way to get good ideas is to get lots of ideas and throw the bad ones away.

좋은 아이디어를 얻는 방법은 많은 이이디어를 얻고 나쁜 것들은 버리는 것이다.

라이너스 폴링 Linus Pauling

0359　You learn more from losing than winning. You learn how to keep going.

이기는 것보다 지는 것에서 더 많이 배운다. 지면서 계속 나아가는 법을 배우게 된다.

모건 우튼 Morgan Wootten

0360　To finish will leave you feeling like a champion and positively reinforce that anything is possible.

끝까지 해내면 챔피언이 된 듯한 기분이 들 것이고, 무엇이든 가능하다는 긍정적인 확신이 강화될 것이다.

조이 코플로위츠 Zoe Koplowitz

0361　Truth alone will endure, all the rest will be swept away before the tide of time.

진실만이 견뎌낼 것이고, 나머지는 모두 세월의 흐름 앞에 휩쓸려 사라질 것이다.

마하트마 간디 Mahatma Gandhi

0362　Everyone can train hard when they are feeling good. But it's the days when you're feeling bad that you have to step up. That's when champions step up. They pull through.

누구나 컨디션이 좋을 때는 열심히 훈련할 수 있다. 하지만 컨디션이 나쁠 때는 스스로 끌어올려야 한다. 그때가 바로 챔피언이 빛나는 순간이다. 진정한 챔피언은 끝내 해낸다.

채드 르클로 Chad le Clos

0363　To be free is not merely to cast off one's chains, but to live in a way that respects and enhances the freedom of others.

자유로워진다는 것은 단순히 자신의 사슬을 벗어던지는 것이 아니라, 다른 사람들의 자유를 존중하고 증진시키는 방식으로 사는 것이다.

넬슨 만델라 Nelson Mandela

0364　Since the day of my birth, my death began its walk. It is walking toward me, without hurrying.

내가 태어난 날부터 나의 죽음은 걸어오기 시작했다. 서두르지 않고 나를 향해 걸어오고 있다.

장 콕토 Jean Cocteau

0365　If you want to change the world, start off by making your bed.

세상을 바꾸고 싶다면, 침대를 정리하는 것부터 시작하라.

윌리엄 H. 맥레이븐 William H. McRaven

0366　Elegance isn't solely defined by what you wear. It's how you carry yourself, how you speak, what you read.

우아함은 단지 입는 옷으로만 정의되지 않는다. 그것은 어떻게 처신하는지, 어떻게 말하는지, 무엇을 읽는지에 달려 있다.

카롤리나 에레라 Carolina Herrera

0367　O Lord, help me not to despise or oppose what I do not understand.

주여, 제가 이해하지 못하는 것을 경멸하거나 반대하지 않도록 도와주소서.

윌리엄 펜 William Penn

0368 Almost all our faults are more pardonable than the methods we think up to hide them.

거의 모든 잘못은, 우리가 그것을 감추기 위해 고안해내는 방법들보다 더 용서받을 만하다.

프랑수아 드 라로슈푸코 François de La Rochefoucauld

0369 Don't sell your product. Solve their problems.

당신의 제품을 팔지 말고, 그들의 문제를 해결하라.

마크 큐번 Mark Cuban

0370 Love does not consist of gazing at each other, but in looking outward together in the same direction. Together as a couple, you move forward.

사랑은 서로를 바라보는 것이 아니라 같은 방향을 향해 함께 바라보는 것이다. 둘이서 함께 같은 길을 걸으며 앞으로 나아가는 것이다.

앙투안 드 생텍쥐페리 Antoine de Saint-Exupéry

0371　It's kind of funny; the moments that change your life are the ones that don't seem important at all at the time.

좀 웃긴 일이지만, 인생을 바꾸는 순간들은 정작 그때는 별로 중요해 보이지 않는다.

베로니카 로스 Veronica Roth

0372　Examine our every action through the lens of how we would feel if it were to become front page news.

우리의 모든 행동이 신문 1면에 실린다면 우리가 어떤 기분일지를 기준으로 인생을 살펴보세요.

존 매키 John Mackey

0373　You're only here for a short visit. Don't hurry, don't worry. And be sure to smell the flowers along the way.

여러분은 이곳에 잠시 방문하신 것뿐입니다. 서두르지 말고, 걱정하지 마세요. 그리고 가는 도중에 꽃 향기를 꼭 맡아보세요.

월터 헤이건 Walter Hagen

0374　A life lived in fear is a life half lived.

두려움 속에 사는 인생은 반쪽짜리 인생이다.

배즈 루어먼 Baz Luhrmann

0375　Sometimes life hits you in the head with a brick. Don't lose faith.

때로는 인생이 벽돌로 머리를 때릴 때도 있습니다. 그래도 믿음을 잃지 마세요.

스티브 잡스 Steve Jobs

0376　It doesn't matter if a cat is black or white, so long as it catches mice.

고양이가 쥐를 잡는다면, 검은색이든 흰색이든 상관없다.

등소평 Deng Xiaoping

0377　The food you eat can be either the safest and most powerful form of medicine or the slowest form of poison.

우리가 먹는 음식은 가장 안전하고 강력한 형태의 약이 될 수도 있고, 가장 느린 형태의 독이 될 수도 있다.

앤 위그모어 Ann Wigmore

0378　Unlike a drop of water which loses its identity when it joins the ocean, man does not lose his being in the society in which he lives. Man's life is independent. He is born not for the development of the society alone, but for the development of his self.

한 방울의 물이 바다에 합류하면 정체성을 잃는 것과 달리 인간은 자신이 살고 있는 사회에서 자신의 존재를 잃지 않는다. 인간의 삶은 독립적이다. 인간은 사회의 발전만을 위해 태어나는 것이 아니라 자기 자신의 발전을 위해서도 태어난다.

B. R. 암베드카르 B. R. Ambedkar

0379　War does not determine who is right – only who is left.

전쟁은 누가 옳은지를 결정하지 않는다. 단지 누가 남았는지만을 결정할 뿐이다.

버트런드 러셀 Bertrand Russell

0380   When you were born, you cried and everybody else was happy. The only question that matters is this - when you die, will you be happy when everybody else is crying?

당신이 태어났을 때, 당신은 울었고 다른 모든 사람들은 행복했다. 가장 중요한 질문은 이것이다. '당신이 죽을 때 다른 사람들이 모두 울고 있을 그 순간에, 당신은 행복할 것인가?'

토니 캠폴로 Tony Campolo

0381   It is an easy thing for one whose foot is on the outside of calamity to give advice and to rebuke the sufferer.

재앙의 바깥에 서 있는 사람이 고통받는 사람에게 조언하고 꾸짖는 것은 쉬운 일이다.

아이스킬로스 Aeschylus

0382   The difference between genius and stupidity is: genius has its limits.

천재성과 어리석음의 차이점은 천재성에는 한계가 있다는 점이다.

알렉상드르 뒤마 Alexandre Dumas

0383   Who looks outside, dreams; who looks inside, awakes.

밖을 보는 자는 꿈을 꾸고, 안을 보는 자는 깨어난다.

카를 융 Carl Jung

0384   It's useless to hold a person to anything he says while he's in love, drunk, or running for office.

사랑에 빠졌을 때, 술에 취했을 때, 혹은 선거 운동 중일 때 한 말을 그대로 믿는 것은 무의미하다.

셜리 매클레인 Shirley MacLaine

0385   The wise are instructed by reason, average minds by experience, the stupid by necessity and the brute by instinct.

지혜로운 사람은 이성에 의해, 평범한 사람은 경험에 의해, 어리석은 사람은 필요에 의해, 그리고 야만적인 사람은 본능에 의해 가르침을 받는다.

마르쿠스 툴리우스 키케로 Marcus Tullius Cicero

0386 Plan ahead: It wasn't raining when Noah built the ark.

미리 계획하라. 노아가 방주를 지을 때는 비가 오지 않고 있었다.

리처드 쿠싱 Richard Cushing

0387 To be a good citizen, it's important to be able to put yourself in other people's shoes and see the big picture. If everything you see is rooted in your own identity, that becomes difficult or impossible.

훌륭한 시민이 되기 위해서는 다른 사람의 입장이 되어볼 수 있고 큰 그림을 볼 수 있어야 한다. 당신이 보는 모든 것이 자신의 정체성에 뿌리를 두고 있다면, 좋은 시민이 되는 것은 어렵거나 불가능해진다.

일라이 파리저 Eli Pariser

0388 Go as far as you can see; when you get there, you'll be able to see farther.

볼 수 있는 만큼 멀리 가라. 그곳에 도달하면 더 멀리 볼 수 있게 될 것이다.

토머스 칼라일 Thomas Carlyle

0389　Ten soldiers wisely led will beat a hundred without a head.

지혜로운 지도자가 이끄는 열 명의 병사는 우두머리 없는 백 명을 이길 것이다.

에우리피데스 Euripides

0390　Blood ties create a strong bond, but shared experiences and mutual respect forge unbreakable connections.

혈연은 강한 유대를 만들지만, 공유된 경험과 상호 존중은 끊을 수 없는 연결을 형성한다.

미상 Unknown

0391　If you're not failing every now and again, it's a sign you're not doing anything very innovative.

때때로 실패를 하지 않고 있다면, 당신이 획기적인 시도를 전혀 하지 않고 있다는 신호이다.

우디 앨런 Woody Allen

0392 The water in a vessel is sparkling; the water in the sea is dark. The small truth has words which are clear; the great truth has great silence.

그릇 속의 물은 반짝이지만, 바다의 물은 어둡다. 작은 진리는 명확한 말을 가지고 있지만, 위대한 진리는 큰 침묵을 가지고 있다.

라빈드라나트 타고르 Rabindranath Tagore

0393 Things are not quite so simple always as black and white.

모든 것이 항상 흑백처럼 그렇게 간단하지는 않다.

도리스 레싱 Doris Lessing

0394 A good uncle doesn't just pass on a family name; he passes on a family's wisdom.

좋은 삼촌은 단지 가문의 이름만을 전하는 것이 아니라, 가문의 지혜를 전한다.

미상 Unknown

0395 Put your hand on a hot stove for a minute and it seems like an hour. Sit with a pretty girl for an hour, and it seems like a minute.

뜨거운 난로 위에 손을 1분 동안 올려놓으면 1시간 같을 것이고, 1시간 동안 아름다운 여성과 함께 앉아 있으면 마치 1분처럼 느껴질 것이다.

알베르트 아인슈타인 Albert Einstein

0396 Patriotism is when love of your own people comes first; nationalism, when hate for people other than your own comes first.

애국심은 자국민에 대한 사랑을 우선시하는 것이고, 민족주의는 자국민 이외의 사람에 대한 증오를 우선시하는 것이다.

샤를 드골 Charles de Gaulle

0397 Commitment is an act, not a word.

헌신은 말이 아니라 행동이다.

장폴 샤르트르 Jean-Paul Sartre

0398　Freedom is not procured by a full enjoyment of what is desired, but by controlling the desire.

자유는 원하는 것을 완전히 누리는 것으로 얻어지는 것이 아니라 욕망을 통제함으로써 얻어진다.

에픽테토스 Epictetus

0399　All the problems of the world could be settled easily if men were only willing to think. The trouble is that men very often resort to all sorts of devices in order not to think, because thinking is such hard work.

세상의 모든 문제는 사람들이 생각하려는 의지만 있다면 쉽게 해결될 수 있다. 문제는 사람들이 생각하는 것이 너무 힘들기 때문에, 자주 생각하지 않기 위해 온갖 방법을 동원한다는 것이다.

토머스 J. 왓슨 Thomas J. Watson

0400　Endurance is not just the ability to bear a hard thing, but to turn it into glory.

인내는 단순히 힘든 일을 견디는 능력이 아니라, 그것을 영광으로 바꾸는 능력이다.

윌리엄 바클레이 William Barclay

0401   Failure is a detour, not a dead-end street.

실패는 우회로이지 막다른 길이 아니다.

지그 지글러 Zig Ziglar

0402   The mind is the limit. As long as the mind can envision the fact that you can do something, you can do it, as long as you really believe 100 percent.

한계는 마음에 있다. 마음이 어떤 일을 해낼 수 있다고 그릴 수만 있다면, 그리고 그것을 100퍼센트 믿는다면, 당신은 반드시 해낼 수 있다.

아놀드 슈워제네거 Arnold Schwarzenegger

0403   Solitary trees, if they grow at all, grow strong.

외로운 나무는, 자란다면 강하게 자란다.

윈스턴 처칠 Winston Churchill

0404   Many people are alive but don't touch the miracle of being alive.

많은 사람들이 살아있지만, 살아있음의 기적을 느끼지는 못한다.

틱낫한 Thich Nhat Hanh

0405   It takes time to figure out who you are and where your boundaries lie

자신이 누구인지 그리고 자신의 경계가 어디에 있는지 알아내는 데는 시간이 걸린다.

메릴 스트립 Meryl Streep

0406   There are always going to be bad things. But you can write it down and make a song out of it.

나쁜 일은 항상 있기 마련이다. 하지만 당신은 그 일을 적고 그것으로부터 노래를 만들 수 있다.

빌리 아일리시 Billie Eilish

0407 Difficulty is what wakes up the genius.

어려움은 천재성을 일깨우는 요소이다.

나심 니콜라스 탈레브 Nassim Nicholas Taleb

0408 A rejection is nothing more than a necessary step in the pursuit of success.

거절은 성공을 향한 과정에서 필수적인 단계일 뿐이다.

보 베넷 Bo Bennett

0409 Eighty percent of all choices are based on fear. Most people don't choose what they want; they choose what they think is safe.

모든 선택의 80%는 두려움에 기반한다. 대부분의 사람들은 자신이 원하는 것을 선택하는 것이 아니라 안전하다고 생각되는 것을 선택한다.

필 맥그로 Phil McGraw

0410　We are each of us angels with only one wing, and we can only fly by embracing one another.

우리 각자는 한쪽 날개만 가진 천사이며, 서로를 껴안음으로써만 날 수 있다.

루치아노 데 크레센도 Luciano De Crescenzo

0411　No act of kindness, no matter how small, is ever wasted.

아무리 작은 친절도 결코 헛되지 않습니다.

이솝 Aesop

0412　A team is not a group of people who work together. A team is a group of people who trust each other.

팀은 함께 일하는 사람들의 집단이 아니다. 팀은 서로를 신뢰하는 사람들의 집단이다.

사이먼 시넥 Simon Sinek

0413　Honesty is a very expensive gift, Don't expect it from cheap people.

정직은 매우 값비싼 선물이므로 저급한 사람에게서 정직을 기대하지 마라.

미상 Unknown

0414　No good movie is too long and no bad movie is short enough.

좋은 영화는 아무리 길어도 길지 않고, 나쁜 영화는 아무리 짧아도 짧지 않다.

로저 이버트 Roger Ebert

0415　I never wonder to see men wicked, but I often wonder to see them not ashamed.

사람들이 악하게 행동하는 것에 대해 놀라지 않지만, 그들이 부끄러워하지 않는 것에 대해서는 자주 놀란다.

조너선 스위프트 Jonathan Swift

0416　Find a group of people who challenge and inspire you, spend a lot of time with them, and it will change your life.

당신을 도전하게 하고 영감을 주는 사람들을 찾아라. 그들과 많은 시간을 보내라. 그러면 당신의 인생이 바뀔 것이다.

에이미 폴러 Amy Poehler

0417　Seize the moment of excited curiosity on any subject to solve your doubts; for if you let it pass, the desire may never return, and you may remain in ignorance.

궁금증을 풀고 싶다면 어느 주제에 대한 것이든 호기심이 발동하는 그 순간을 잡아라. 그 순간을 흘려 보낸다면 그 욕구는 다시 돌아오지 않을 수 있고, 당신은 무지한 채로 남게 될 것이다.

윌리엄 워트 William Wirt

0418　Daddy is like a star; you may not always see him, but you know he is always there.

아빠는 별과 같다. 늘 보이지는 않아도, 언제나 거기 있다는 걸 알 수 있다.

미상 Unknown

0419 If I cannot fly, let me sing.

날 수 없다면, 노래하게 해주세요.

스티븐 손드하임 Stephen Sondheim

0420 I'm scared every time I go into the ring, but it's how you handle it. What you have to do is plant your feet, bite down on your mouthpiece and say, 'Let's go.'

링에 오를 때마다 무섭다. 하지만 중요한 것은 그것을 어떻게 다루느냐이다. 해야 할 일은 발을 단단히 디디고, 마우스피스를 꽉 물고, '가자'라고 말하는 것이다.

마이크 타이슨 Mike Tyson

CHAPTER

4

0421　Our life is a game of boomerangs. Our thoughts, deeds and words return to us sooner or later with astounding accuracy.

우리의 삶은 부메랑 게임이다. 우리의 생각, 행동, 말은 머지않아 믿기 어려울 정도로 정확하게 우리에게 돌아온다.

플로렌스 스코벨 신 Florence Scovel Shinn

0422　One of the greatest titles in the world is parent, and one of the biggest blessings in the world is to have parents to call mom and dad.

세상에서 가장 위대한 직함 중 하나는 부모이며, 세상에서 가장 큰 축복 중 하나는 엄마, 아빠라고 부를 수 있는 부모가 있다는 것이다.

짐 디민트 Jim DeMint

0423　Whatever you can do or dream you can, begin it. Boldness has genius, power, and magic in it.

당신이 할 수 있는 것이나 꿈꿀 수 있는 것은 무엇이든지 시작하라. 대담함에는 천재성, 힘, 그리고 마법이 깃들어 있다.

존 앤스터 John Anster

0424 Rank does not confer privilege or give power. It imposes responsibility.

직급은 특권이나 권력을 주지 않는다. 직급은 책임을 부여한다.

피터 드러커 Peter Drucker

0425 Neither soldiers nor money can defend a king but only friends won by good deeds, merit, and honesty.

군인도 돈도 왕을 지킬 수 없으며, 오직 선행과 공덕 그리고 정직함으로 얻은 친구만이 왕을 지킬 수 있다.

살루티우스 Sallust

0426 We can do anything we want to if we stick to it long enough.

충분히 오래 매달리기만 한다면 우리가 원하는 것은 무엇이든 해낼 수 있다.

헬렌 켈러 Helen Keller

0427　Customer service shouldn't just be a department, it should be the entire company.

고객 서비스는 단지 부서가 아니라, 회사 전체여야 한다.

토니 셰이 Tony Hsieh

0428　We waste time looking for the perfect lover, instead of creating the perfect love.

우리는 완벽한 사랑을 만드는 대신 완벽한 연인을 찾는 데 시간을 허비한다.

톰 로빈스 Tom Robbins

0429　Either you believe you can or you believe you can't, you're right.

할 수 있다고 믿든, 할 수 없다고 믿든, 당신이 옳다.

헨리 포드 Henry Ford

0430 To delight in war is a merit in the soldier, a dangerous quality in the captain, and a positive crime in the statesman.

전쟁을 즐기는 것은 병사에게는 장점이고, 지휘관에게는 위험한 자질이며, 정치인에게는 명백한 범죄이다.

조지 산타야나 George Santayana

0431 Before borrowing money from a friend, decide which you need more.

친구에게 돈을 빌리기 전에, 둘 중 무엇이 더 필요한지 결정하라.

애디슨 H. 핼록 Addison H. Hallock

0432 Fast is fine, but speed without direction is chaos.

빠른 것은 좋지만, 방향 없는 질주는 혼돈이다.

게리 켈러 Gary Keller

0433　I think that's the single best piece of advice: constantly think about how you could be doing things better and questioning yourself.

어떻게 하면 더 잘할 수 있을지 끊임없이 생각하고 스스로에게 질문을 던지는 것이야말로 최고의 조언이라고 생각한다.

일론 머스크 Elon Musk

0434　The roots of education are bitter, but the fruit is sweet.

교육의 뿌리는 쓰지만, 그 열매는 달콤하다.

아리스토텔레스 Aristotle

0435　Watching a peaceful death of a human being reminds us of a falling star; one of a million lights in a vast sky that flares up for a brief moment only to disappear into the endless night forever.

한 인간의 평화로운 죽음을 지켜보는 것은 광활한 하늘의 수많은 별 중 하나가 잠시 밝게 타오르다가 끝없는 밤 속으로 영원히 사라지는 별똥별을 떠올리게 한다.

엘리자베스 퀴블러로스 Elisabeth Kubler-Ross

0436 No pessimist ever discovered the secret of the stars, or sailed to an uncharted land, or opened a new doorway for the human spirit.

어떤 비관론자도 별의 비밀을 발견하거나 미지의 땅으로 항해하거나 인간 정신의 새로운 문을 열지 못했다.

헬렌 켈러 Helen Keller

0437 I'll do whatever it takes to win games, whether it's sitting on a bench waving a towel, handing a cup of water to a teammate, or hitting the game-winning shot.

벤치에 앉아 수건을 흔들든, 팀원에게 물 한 컵을 건네든, 승부를 결정짓는 슛을 날리든, 경기에서 이기기 위해서라면 무엇이든 하겠다.

코비 브라이언트 Kobe Bryant

0438 If you're serious about changing your life, you'll find a way. If you're not, you'll find an excuse.

인생을 바꾸는 것에 대해 진지히디먼, 방법을 찾을 것이다. 그렇지 않다면, 변명을 찾을 것이다.

젠 신체로 Jen Sincero

0439　To be a star, you must shine your own light, follow your path, and don't worry about the darkness, for that is when the stars shine brightest. Always do what you are afraid to do.

별이 되려면 자신만의 빛을 밝히고, 자신의 길을 따라가야 한다. 어둠을 걱정하지 마라. 그때가 별이 가장 밝게 빛날 때이기 때문이다. 항상 두려워하는 일을 하라.

랠프 월도 에머슨 Ralph Waldo Emerson

0440　Being healthy is the crown that only the sick can see. A lot of times, we take it for granted.

건강한 것은 아픈 사람만이 볼 수 있는 왕관이다. 우리는 그것을 너무도 자주 당연하게 여긴다.

하산 미나즈 Hasan Minhaj

0441　Know that you are the perfect age. Each year is special and precious, for you shall only live it once. Be comfortable with growing older.

여러분은 완벽한 나이라는 것을 알아두세요. 한 해 한 해는 특별하고 소중하며 단 한 번만 살 수 있습니다. 나이 듦을 편안하게 받아들이세요.

루이스 헤이 Louise Hay

0442　Gratitude is the healthiest of all human emotions. The more you express gratitude for what you have, the more likely you will have even more to express gratitude for.

감사는 모든 인간 감정 중에서 가장 건강한 감정이다. 가진 것에 대해 더 많이 감사를 표현할수록, 감사할 것이 더 많아질 가능성이 높아진다.

지그 지글러 Zig Ziglar

0443　With something like cancer, there is a feeling that you can fight it in some way or control your response to it, but with dementia there is the fear of losing control of your mind and your life.

암과 같은 질병은 어떤 방식으로든 그것과 싸우거나 자신의 반응을 통제할 수 있다는 느낌이 있지만, 치매의 경우에는 마음과 삶의 통제력을 잃는다는 두려움이 있다.

케빈 와틀리 Kevin Whately

0444　A blow with a word strikes deeper than a blow with a sword.

말로 때리는 일격은 칼로 때리는 일격보다 더 깊다.

로버트 버턴 Robert Burton

0445　What makes the desert beautiful is that somewhere it hides a well.

사막이 아름다운 이유는 어딘가에 우물이 숨어 있기 때문입니다.

앙투안 드 생텍쥐페리 Antoine de Saint-Exupery

0446　The objective of cleaning is not just to clean, but to feel happiness living within that environment.

청소의 목적은 단순히 깨끗이 치우는 것이 아니라, 그 환경 속에서 살아가는 행복을 느끼는 것이다.

곤도 마리에 Marie Kondo

0447　We always train with heavier sparring partners to make it harder so the fight will be easier.

우리는 항상 더 육중한 스파링 파트너와 함께 훈련하여 시합을 더 어렵게 만든다. 그렇게 훈련하면 실전은 더욱 쉬워진다.

조지 포먼 George Foreman

0448   Ironically, the pursuit of happiness can lead us into the eternal trap of chasing unhappiness.

아이러니하게도 행복을 추구하다 보면 불행을 쫓는 영원한 함정에 빠질 수 있습니다.

저스틴 칸 Justin Kan

0449   Ability may get you to the top, but it takes character to keep you there.

능력으로 정상에 오를 수는 있지만, 그 자리를 지키기 위해서는 인격이 필요하다.

존 우든 John Wooden

0450   We never know the love of a parent till we become parents ourselves.

부모가 되어보기 전까지는 부모의 사랑을 결코 알 수 없다.

헨리 워드 비처 Henry Ward Beecher

0451　When the whole world is silent, even one voice becomes powerful.

세상이 침묵할 때 한 사람의 목소리도 힘을 발휘한다.

말랄라 유사프자이 Malala Yousafzai

0452　Often the difference between a successful man and a failure is not one's better abilities or ideas, but the courage that one has to bet on his ideas, to take a calculated risk, and to act.

성공한 사람과 실패한 사람의 차이는 종종 더 나은 능력이나 아이디어가 아니라, 자신의 아이디어에 베팅하고, 계산된 위험을 감수하며, 행동으로 옮길 용기에 있다.

맥스웰 몰츠 Maxwell Maltz

0453　A teacher who is attempting to teach without inspiring the pupil with a desire to learn is hammering on cold iron.

학생에게 배움에 대한 열망을 불러일으키지 않고 가르치려고만 하는 교사는 차가운 쇠를 두드리는 것과 같다.

호러스 맨 Horace Mann

0454 There are only two mistakes one can make along the road to truth; not going all the way, and not starting.

진리로 가는 길에서 저지르는 실수는 끝까지 가지 않는 것과 시작하지 않는 것, 두 가지뿐이다.

부처 Buddha

0455 The only thing worth stealing is a kiss from a sleeping child.

유일하게 훔칠 가치가 있는 것은 잠든 아이의 입맞춤이다.

J. H. 올덤 J. H. Oldham

0456 There is only one way to achieve happiness on this terrestrial ball, and that is to have either a clear conscience or none at all.

이 지구상에서 행복을 얻는 유일한 방법은 맑은 양심을 가지거나 아예 양심을 갖지 않는 것이다.

오그던 내시 Ogden Nash

0457　Stay close to anything that makes you glad you are alive.

살아있음을 기쁘게 만드는 모든 것을 가까이 하세요.

하페즈 Hafez

0458　Youth is not a time of life; it is a state of mind; it is not a matter of rosy cheeks, red lips and supple knees; it is a matter of the will, quality of the imagination, a vigor of the emotions; it is the freshness of the deep springs of life.

청춘은 인생의 한 시기가 아니라 마음의 상태이다. 그것은 장밋빛 볼과 붉은 입술, 유연한 무릎의 문제가 아니라 의지의 문제이며, 상상력의 수준이고, 감정의 활력이다. 그것은 삶의 깊은 샘에서 솟아나는 신선함이다.

새뮤얼 울먼 Samuel Ullman

0459　There's nothing quite like a quiet corner in a coffee shop to gather your thoughts and begin writing.

생각을 정리하고 글을 쓰기 시작하는 데 커피숍의 한적한 구석만큼 좋은 곳은 없습니다.

가우탐 메논 Gautham Menon

0460　A great dinner must include not only yummy food, but good conversation.

훌륭한 저녁 식사에는 맛있는 음식뿐만 아니라 좋은 대화도 포함되어야 한다.

로리 데이비드 Laurie David

0461　Memories of our lives, of our works and our deeds will continue in others.

우리의 삶, 우리의 일, 우리의 행적에 대한 기억은 다른 사람들 안에서 계속될 것이다.

로사 파크스 Rosa Parks

0462　It's hard to please everyone, and I learnt quite early that that's never going to happen.

모든 사람을 만족시키기는 어렵고, 그런 일은 절대 일어나지 않는다는 것을 일찍이 깨달았다.

조 하트 Joe Hart

0463　As love without esteem is capricious and volatile; esteem without love is languid and cold.

존중이 없는 사랑은 변덕스럽고 불안정하며, 사랑이 없는 존중은 무기력하고 차갑다.

조너선 스위프트 Jonathan Swift

0464　Employees who report receiving recognition and praise within the last seven days show increased productivity, get higher scores from customers, and have better safety records. They're just more engaged at work.

지난 7일 이내에 인정과 칭찬을 받았다고 보고한 직원들은 생산성이 증가하고, 고객으로부터 더 높은 점수를 받으며, 더 나은 안전 기록을 보인다. 그들은 단순히 업무에 더 몰입해 있는 것이다.

톰 래스 Tom Rath

0465　Life is not a matter of holding good cards, but of playing a poor hand well.

인생은 좋은 패를 보유하는 게 중요한 게 아니라, 나쁜 패를 어떻게 잘 다루느냐에 달려 있다.

로버트 루이스 스티븐슨 Robert Louis Stevenson

0466　　I think luck gets you on to the stage. But it has nothing to do with keeping you there.

운이 당신을 무대 위로 올려놓을 수는 있지만, 거기에 계속 머물게 하는 데는 아무런 관련이 없다고 생각한다.

에릭 바나 Eric Bana

0467　　No matter how you feel, get up, dress up and show up.

기분이 어떻든, 일어나서, 옷을 차려입고, 그 자리에 나가세요.

레지나 브렛 Regina Brett

0468　　Ideas have a short shelf life. You must act on them before the expiration date.

아이디어는 유통 기한이 짧다. 유통 기힌이 다 되기 진에 행동으로 옮겨야 한다.

존 C. 맥스웰 John C. Maxwell

0469　Through violence, you may murder the hater, but you do not murder the hate.

폭력을 통해 증오하는 사람을 죽일 수는 있지만, 증오 자체를 죽일 수는 없다.

마틴 루터 킹 주니어 Martin Luther King, Jr.

0470　Find something bigger than yourself and pour every ounce of who you are into it. If that's your family, be the best father on Earth. If you are a cop, firefighter, or a trash man, be the best.

자신보다 더 큰 무언가를 찾아서 자신의 모든 것을 쏟아부어라. 그것이 가족이라면, 지구상에서 가장 좋은 아버지가 되어라. 경찰관이나 소방관이나 청소부라면, 최고가 되어라.

팀 케네디 Tim Kennedy

0471　You never know how strong you are, until being strong is your only choice.

강해지는 것이 유일한 선택이 될 때까지는 자신이 얼마나 강한지 절대 알 수 없다.

미상 Unknown

0472　I never make the mistake of arguing with people for whose opinions I have no respect.

나는 존중하지 않는 사람의 의견에 대해 굳이 논쟁하는 실수를 절대 하지 않는다.

에드워드 기번 Edward Gibbon

0473　We ought to do good to others as simply as a horse runs, or a bee makes honey, or a vine bears grapes season after season without thinking of the grapes it has borne.

우리는 말이 달리고, 벌이 꿀을 만들고, 포도나무가 해마다 자신이 맺은 포도를 생각하지 않고 열매를 맺는 것처럼, 그저 다른 이들에게 선을 행해야 한다.

마르쿠스 아우렐리우스 Marcus Aurelius

0474　Challenging the meaning of life is the truest expression of the state of being human.

삶의 의미에 도전하는 것이야말로 인간다움을 가장 진실하게 표현하는 것이다.

빅토르 E. 프랑클 Viktor E. Frankl

0475　You have to create a track record of breaking your own mold, or at least other people's idea of that mold.

자신의 틀을 깨거나, 적어도 다른 사람들이 생각하는 틀을 깨는 실적을 만들어야 한다.

윌리엄 허트 William Hurt

0476　When you forgive, you in no way change the past - but you sure do change the future.

용서한다고 해서 과거가 바뀌는 것은 아니지만, 미래가 바뀌는 것은 분명하다.

버나드 멜처 Bernard Meltzer

0477　The truth is you don't know what is going to happen tomorrow. Life is a crazy ride, and nothing is guaranteed.

내일 무슨 일이 일어날지 아무도 모른다는 것이 진실이다. 인생은 미친 듯이 돌아가고, 보장되는 것은 아무것도 없다.

에미넴 Eminem

0478   There are some things you learn best in calm, and some in storm.

고요할 때 가장 잘 배울 수 있는 것이 있고, 폭풍처럼 격렬한 상황에서 가장 잘 배울 수 있는 것이 있다.

윌라 캐더 Willa Cather

0479   Look at a stone cutter hammering away at his rock, perhaps a hundred times without as much as a crack showing in it. Yet at the hundred-and-first blow it will split in two, and I know it was not the last blow that did it, but all that had gone before.

돌을 끊임없이 쪼는 석공을 보라. 아마 백 번이나 망치질해도 아무런 금이 가지 않을 것이다. 그러나 백한 번째 망치질에 돌은 두 조각으로 갈라질 것이고, 나는 그 마지막 망치질이 아니라 그 이전의 모든 망치질이 돌을 갈라놓은 것임을 알고 있다.

제이컵 리스 Jacob Riis

0480   The most wonderful of all things in life, I believe, is the discovery of another human being with whom one's relationship has a growing depth, beauty, and joy as the years increase.

인생의 모든 것 중에서 가장 멋진 것은 세월이 흐를수록 관계가 깊어지고 아름다워지며 기쁨이 커지는 또 다른 한 사람을 발견하는 것이라고 생각한다.

휴 월폴 Hugh Walpole

0481　A sense of humor is a major defense against minor troubles.

유머 감각은 작은 어려움을 막아내는 주요 방어책이다.

미뇽 맥러플린 Mignon McLaughlin

0482　Knowledge will forever govern ignorance; and a people who mean to be their own governors must arm themselves with the power which knowledge gives.

지식은 영원히 무지를 지배할 것이며, 스스로 통치자가 되고자 하는 국민은 지식이 주는 힘으로 자신을 무장해야 한다.

제임스 매디슨 James Madison

0483　Collaboration is a key part of the success of any organization, executed through a clearly defined vision and mission and based on transparency and constant communication.

협력은 어떤 조직이든 성공의 핵심 요소이며, 명확하게 정의된 비전과 사명을 통해 실행되고, 투명성과 지속적인 소통에 기반을 둔다.

디네시 팔리왈 Dinesh Paliwal

0484　The final test of a gentleman is his respect for those who can be of no possible service to him.

신사의 마지막 시험은 자신에게 아무런 도움이 되지 못하는 사람들에 대한 존중이다.

윌리엄 라이언 펠프스 William Lyon Phelps

0485　Be careful not to compromise what you want most for what you want now.

당장 원하는 것 때문에 가장 원하는 것을 타협하지 않도록 조심하라.

지그 지글러 Zig Ziglar

0486　Somewhere out there is a unique place for you to help others - a unique life role for you to fill that only you can fill.

어딘가에는 다른 사람을 도울 수 있는 고유한 자리, 즉 나만이 채울 수 있는 고유한 삶의 역할이 있다.

토머스 킨케이드 Thomas Kinkade

0487   Carry out a random act of kindness, with no expectation of reward, safe in the knowledge that one day someone might do the same for you.

언젠가 누군가 나에게도 똑같이 해줄 수 있다는 믿음으로 보상에 대한 기대 없이 무작위로 친절을 베풀어 보세요.

다이애나 왕세자비 Princess Diana

0488   Mediocrity always attacks excellence.

평범함은 언제나 탁월함을 공격한다.

마이클 베크위드 Michael Beckwith

0489   You can accomplish by kindness what you cannot by force.

강제로는 할 수 없는 일을 친절로 이룰 수 있다.

푸블릴리우스 시루스 Publilius Syrus

0490　If you're gonna make connections which are innovative... you have to not have the same bag of experiences as everyone else does.

혁신적인 연결고리를 만들어내려면... 다른 사람들과 똑같은 경험의 보따리를 가져서는 안 된다.

스티브 잡스 Steve Jobs

0491　Guilt is perhaps the most painful companion of death.

죄의식은 아마도 죽음의 가장 고통스러운 동반자일 것이다.

미상 Unknown

0492　Too often we underestimate the power of a touch, a smile, a kind word, a listening ear, an honest compliment, or the smallest act of caring, all of which have the potential to turn a life around. A hospital is one of those places.

우리는 너무 자주 작은 손길, 미소, 따뜻한 말 한마디, 귀 기울여 듣기, 진심어린 칭찬, 또는 가장 작은 배려의 행동이 가진 힘을 과소평가한다. 이 모든 것들은 한 사람의 인생을 바꿔놓을 수 있는 잠재력을 가지고 있다. 병원이 바로 그런 곳들 중 하나이다.

레오 버스카글리아 Leo Buscaglia

0493 It is not white hair that engenders wisdom.

흰 머리가 지혜를 만드는 것은 아니다.

메난드로스 Menander

0494 There is no greater tyranny than that which is perpetrated under the shield of the law and in the name of justice.

법의 방패 아래 정의의 이름으로 자행되는 폭정보다 더 큰 폭정은 없다.

몽테스키외 Montesquieu

0495 If you have the opportunity to do amazing things in your life, I strongly encourage you to invite someone to join you.

인생에서 놀라운 일을 할 기회가 있다면 당신과 함께할 누군가를 초대할 것을 강력히 권한다.

사이먼 시넥 Simon Sinek

0496　　Society is always taken by surprise at any new example of common sense.

　　　　사회는 항상 새로운 상식의 사례에 놀라움을 금치 못한다.

랠프 월도 에머슨 Ralph Waldo Emerson

0497　　The secret to happiness is freedom and the secret to freedom is courage.

　　　　행복의 비밀은 자유에 있고 자유의 비밀은 용기에 있다.

투키디데스 Thucydides

0498　　Predicting rain doesn't count. Building arks does.

　　　　비를 예측하는 것은 중요하지 않다. 방주를 짓는 것이 중요하다.

워런 버핏 Warren Buffett

0499	You don't fix the problem until you define it.

문제를 정의하기 전까지는 문제를 해결할 수 없다.

존 W. 스노 John W. Snow

0500	There's no straight line to progress.

발전에는 일직선으로 가는 길이 없다.

버락 오바마 Barack Obama

0501	You can fool all the people some of the time, and some of the people all the time, but you cannot fool all the people all the time.

모든 사람을 가끔은 속일 수 있고, 일부 사람을 항상 속일 수는 있지만 모든 사람을 항상 속일 수는 없다.

에이브러햄 링컨 Abraham Lincoln

0502　　Procrastination is like a credit card: it's a lot of fun until you get the bill.

미루는 것은 신용 카드와 같다. 청구서를 받기 전까지는 정말 즐겁다.

크리스토퍼 파커 Christopher Parker

0503　　The hardest thing to explain is the glaringly evident which everybody had decided not to see.

세상에서 가장 설명하기 어려운 것은 모두가 보지 않기로 결정한 명백한 사실이다.

아인 랜드 Ayn Rand

0504　　The greatest and most amiable privilege which the rich enjoy over the poor is that which they exercise the least--the privilege of making others happy.

부자들이 가난한 사람들에 비해 누리는 가장 위대하고 호의적인 특권은 그들이 가장 적게 행사하는 것이다. 바로 다른 사람들을 행복하게 만드는 특권이다.

찰스 케일럽 콜턴 Charles Caleb Colton

0505　The most difficult thing is the decision to act, the rest is merely tenacity. The fears are paper tigers. You can do anything you decide to do. You can act to change and control your life; and the procedure, the process is its own reward.

가장 어려운 것은 행동하기로 결정하는 것이다. 나머지는 단지 끈기일 뿐이다. 두려움은 종이호랑이에 불과하다. 당신이 결심한 것은 무엇이든 할 수 있다. 당신은 행동하여 자신의 삶을 바꾸고 통제할 수 있다. 그리고 그 절차, 그 과정 자체가 보상이다.

어밀리아 에어하트 Amelia Earhart

0506　In every revolution, there are winners and losers. Every dystopia is a utopia for somebody else. It just depends where you are. Are you in the class that benefits, or are you in the class that's not?

모든 혁명에는 승자와 패자가 있다. 모든 디스토피아는 다른 누군가에게는 유토피아이다. 단지 당신이 어디에 있느냐의 문제일 뿐이다. 당신은 혜택을 받는 계층에 속해 있는가, 아니면 그렇지 않은 계층에 속해 있는가?

켄 리우 Ken Liu

0507　A leader's job is not to do the work for others, it's to help others figure out how to do it themselves, to get things done, and to succeed beyond what they thought possible.

리더의 역할은 다른 사람을 대신해서 일을 하는 것이 아니라 다른 사람이 스스로 일을 하고, 일을 완수하고, 가능하다고 생각했던 것 이상으로 성공할 수 있도록 돕는 것이다.

사이먼 시넥 Simon Sinek

0508　My power vanishes into thin air the instant that my fellow citizens, who are straight and honest, cease to believe that I represent them and fight for what is straight and honest. That is all the strength that I have.

올곧고 정직한 국민들이 내가 그들을 대변하며 올바른 일을 위해 투쟁한다는 믿음을 잃는 순간, 나의 권력은 한순간에 증발해 버린다. 그 믿음이야말로 내가 가진 유일한 힘이다.

시어도어 루스벨트 Theodore Roosevelt

0509　Greatness is not measured by what a man or woman accomplishes, but by the opposition he or she has overcome to reach his goals.

위대함은 어떤 사람이 무엇을 성취했는지가 아니라, 목표를 달성하기 위해 어떤 반대를 극복했는지에 따라 측정된다.

도러시 하이트 Dorothy Height

0510　We are all born to die - the difference is the intensity with which we burn.

우리는 모두 죽기 위해 태이났다. 차이점은 우리가 얼마나 강렬하게 불타는가에 있다.

잭 런던 Jack London

0511　We must not allow other people's limited perceptions to define us.

다른 사람들의 제한된 인식이 우리를 정의하도록 허용해서는 안 된다.

버지니아 사티어 Virginia Satir

0512　Youth is the gift of nature, but age is a work of art.

젊음은 자연의 선물이지만, 나이듦은 하나의 예술 작품이다.

스타니스와프 예지 레츠 Stanislaw Jerzy Lec

0513　The tyrant dies and his rule is over, the martyr dies and his rule begins.

폭군은 죽음과 함께 지배가 끝나지만, 순교자는 죽음과 함께 그의 통치가 시작된다.

쇠렌 키르케고르 Soren Kierkegaard

0514　The things which are most important don't always scream the loudest.

가장 중요한 것이 항상 가장 큰 소리로 외치는 것은 아니다.

밥 호크 Bob Hawke

0515　It takes considerable knowledge just to realize the extent of your own ignorance.

자신의 무지가 어느 정도인지 깨닫는 것조차도 상당한 지식이 필요하다.

토머스 소웰 Thomas Sowell

0516　Guilt has very quick ears to an accusation.

죄책감은 비난에 매우 예민한 귀를 가지고 있다.

헨리 필딩 Henry Fielding

0517　Let me be clear - no one is above the law. Not a politician, not a priest, not a criminal, not a police officer. We are all accountable for our actions.

명확히 하자면 그 누구도 법을 초월할 수 없다. 정치인이든, 종교인이든, 범죄자든, 경찰이든 상관없다. 우리 모두는 자신의 행동에 대해 책임을 져야 한다.

앤토니오 비야라이고사 Antonio Villaraigosa

0518　Don't cover up your own faults by blaming others.

다른 사람을 비난함으로써 자신의 잘못을 덮지 마라.

푸블릴리우스 시루스 Publilius Syrus

0519　All I ever needed to know I learned in kindergarten. Share everything ... Don't hit people ... Clean up your own mess.

'모든 걸 나누고… 남을 때리지 말고… 자기가 어지른 건 자기가 정리하라.' 인생에 필요한 모든 것은 이미 유치원에서 배웠다.

로버트 풀검 Robert Fulghum

0520   I think life on Earth must be about more than just solving problems… It's got to be something inspiring, even if it is vicarious.

지구상의 삶은 단순히 문제를 해결하는 것 이상의 의미가 있어야 한다고 생각한다… 비록 간접적인 것일지라도, 뭔가 영감을 주는 것이어야 한다.

일론 머스크 Elon Musk

0521   Look at a tree, a flower, a plant. Let your awareness rest upon it. How still they are, how deeply rooted in Being. Allow nature to teach you stillness.

나무, 꽃, 식물을 바라보라. 그것에 당신의 의식을 머물게 하라. 그것들이 얼마나 고요한지, 얼마나 깊이 존재에 뿌리내리고 있는지 보라. 자연이 당신에게 고요함을 가르치도록 하라.

에크하르트 톨레 Eckhart Tolle

0522   Philosophy is like trying to open a safe with a combination lock: each little adjustment of the dials seems to achieve nothing, only when everything is in place does the door open.

철학은 번호 조합 자물쇠가 달린 금고를 열려고 하는 것과 같다. 다이얼을 조금씩 조정해도 아무 소용이 없다. 모든 것이 제자리에 맞춰졌을 때만 문이 열린다.

루트비히 비트겐슈타인 Ludwig Wittgenstein

0523   Deprived of meaningful work, men and women lose their reason for existence; they go stark, raving mad.

의미 있는 일을 빼앗긴 사람들은 존재 이유를 잃는다. 그리고 완전히 미쳐버리고 극도로 황폐해진다.

표도르 도스토옙스키 Fyodor Dostoevsky

0524   Be calm in arguing; for fierceness makes error a fault, and truth discourtesy.

논쟁할 때는 침착하라. 격렬함은 실수를 잘못으로 만들고, 진실을 무례함으로 만든다.

조지 허버트 George Herbert

0525   Do not count your chickens before they are hatched.

알에서 부화하기 전에는 닭을 세지 마라.

이솝 Aesop

0526　Uncertainty will always be part of the taking charge process.

불확실성은 항상 책임을 지는 과정의 일부이다.

해럴드 S. 지닌 Harold S. Geneen

0527　The purpose of thinking about the future is not to predict it but to raise people's hopes.

미래를 생각하는 목적은 미래를 예측하는 것이 아니라 사람들에게 희망을 주기 위해서다.

프리먼 다이슨 Freeman Dyson

0528　You cannot push any one up a ladder unless he be willing to climb a little himself.

스스로 조금이라도 올라갈 의지가 없다면, 그 누구도 사다리 위로 밀어 올릴 수 없다.

앤드루 카네기 Andrew Carnegie

0529　If two men on a job agree all the time, then one is useless. If they disagree all the time, then both are useless.

만약 어떤 일을 하는 두 사람이 항상 동의한다면 한 사람은 쓸모가 없다. 하지만 두 사람이 항상 의견이 다르면 둘 다 쓸모가 없다.

대릴 F. 재넉 Darryl F. Zanuck

0530　It is hard to imagine a more stupid or more dangerous way of making decisions than by putting those decisions in the hands of people who pay no price for being wrong.

잘못해도 아무런 대가를 치르지 않는 사람들에게 결정을 맡기는 것보다 더 어리석거나 더 위험한 의사 결정 방식은 상상하기 어렵다.

토머스 소웰 Thomas Sowell

0531　The true harvest of my daily life is somewhat as intangible and indescribable as the tints of morning or evening.

내 일상 생활의 진정한 수확은 아침이나 저녁 하늘의 빛깔처럼 다소 무형적이고 형용할 수 없는 것이다.

헨리 데이비드 소로 Henry David Thoreau

0532　Walking with a friend in the dark is better than walking alone in the light.

어둠 속에서 친구와 걷는 것이 빛 속에서 홀로 걷는 것보다 낫다.

헬렌 켈러 Helen Keller

0533　I swear to god; happiness is the best makeup.

신께 맹세컨대, 행복이 최고의 화장이다.

드루 배리모어 Drew Barrymore

0534　Try to keep your mind open to possibilities and your mouth closed on matters that you don't know about. Limit your 'always' and your 'nevers.'

가능성에 대해서는 마음을 열어두고 모르는 문제에 대해서는 입을 다물도록 노력하세요. '항상'과 '절대'를 제한하세요.

에이미 폴러 Amy Poehler

0535　Knock on every door of opportunity. Nobody knows which one will open.

기회의 문마다 두드려라. 어느 문이 열릴지는 아무도 모른다.

신영준 Youngjun Shin

0536　When you're surrounded by people who share a passionate commitment around a common purpose, anything is possible.

공동의 목적을 위해 열정적으로 헌신하는 사람들로 둘러싸여 있다면, 불가능한 것은 없다.

하워드 슐츠 Howard Schultz

0537　Feeling gratitude and not expressing it is like wrapping a present and not giving it.

감사함을 느끼면서도 표현하지 않는 것은 선물을 포장하고도 주지 않는 것과 같다.

윌리엄 아서 워드 William Arthur Ward

0538   To write a good love letter, you ought to begin without knowing what you mean to say, and to finish without knowing what you have written.

   좋은 연애편지를 쓰려면, 무슨 말을 하려는지 모른 채로 시작해야 하고, 무엇을 썼는지 모른 채로 끝내야 한다.

   장자크 루소 Jean-Jacques Rousseau

0539   Pain is the great teacher of mankind. Beneath its breath souls develop.

   고통은 인류의 위대한 스승이다. 그 숨결 속에서 영혼이 성장한다.

   마리 폰 에브너에셴바흐 Marie von Ebner-Eschenbach

0540   Far and away the best prize that life offers is the chance to work hard at work worth doing.

   단연코 인생이 주는 최고의 상은 할만한 가치가 있는 일에서 온 힘을 다할 기회이다.

   시어도어 루스벨트 Theodore Roosvelt

0541   To forgive is to set a prisoner free and discover that the prisoner was you.

용서는 한 죄수를 풀어주는 일이며, 그 죄수가 다름 아닌 자기 자신이었음을 깨닫는 일이다.

루이스 B. 스미디스 Lewis B. Smedes

0542   The key to immortality is first living a life worth remembering.

불멸의 열쇠는 먼저 기억할 가치가 있는 삶을 사는 것이다.

이소룡 Bruce Lee

0543   To handle a language skillfully is to practice a kind of evocative sorcery.

언어를 능숙하게 다룬다는 것은 일종의 감동을 불러일으키는 마법을 부리는 것과 같다.

샤를 보들레르 Charles Baudelaire

0544 When I was young, we couldn't afford much. But, my library card was my key to the world.

어렸을 때는 집안 형편이 넉넉하지 않았습니다. 하지만 제 도서관 카드는 세상을 여는 열쇠였습니다.

존 굿맨 John Goodman

0545 Don't blame the messenger because the message is unpleasant.

메시지가 불쾌하다고 해서 메신저를 비난하지 마라.

켄 스타 Ken Starr

0546 Where ignorance is our master, there is no possibility of real peace.

무지가 우리의 주인인 곳에서는 진정한 평화의 가능성은 없다.

달라이 라마 Dalai Lama

0547　Happiness: a way station between too little and too much.

행복: 너무 적음과 너무 많음 사이의 중간 지점.

채닝 폴록 Channing Pollock

0548　Did you know you can't steer a boat that isn't moving? Just like a life.

움직이지 않는 배는 조종할 수 없다는 사실을 알고 계셨나요? 인생도 마찬가지입니다.

폴 루터스 Paul Lutus

0549　Smart people are a dime a dozen. What matters is the ability to think different... to think out of the box.

똑똑한 사람은 아주 흔하다. 중요한 것은 다르게 생각할 수 있는 능력, 즉 틀에서 벗어난 생각을 할 수 있는 능력이다.

스티브 잡스 Steve Jobs

0550　All the adversity I've had in my life, all my troubles and obstacles, have strengthened me... You may not realize it when it happens, but a kick in the teeth may be the best thing in the world for you.

　　내 인생의 모든 역경, 모든 고난과 장애물들이 나를 강하게 만들었다... 그 순간에는 깨닫지 못할 수도 있지만, 뼈아픈 실패가 당신에게는 세상에서 가장 좋은 일일지도 모른다.

월트 디즈니 Walt Disney

0551　The only thing you sometimes have control over is perspective. You don't have control over your situation. But you have a choice about how you view it.

　　때때로 우리가 통제할 수 있는 유일한 것은 관점이다. 우리는 상황을 통제할 수 없다. 하지만 상황을 어떻게 바라보는지는 선택할 수 있다.

크리스 파인 Chris Pine

0552　You may tire of reality but you never tire of dreams.

　　현실에는 지칠 수 있지만, 꿈에는 결코 지치지 않는다.

루시 모드 몽고메리 Lucy Maud Montgomery

0553　We the people are the rightful masters of both Congress and the courts, not to overthrow the Constitution but to overthrow the men who pervert the Constitution.

우리 국민이야말로 의회와 법원 모두의 정당한 주인이다. 그것은 헌법을 전복하려는 것이 아니라, 헌법을 왜곡하는 자들을 끌어내리려 하기 위함이다.

에이브러햄 링컨 Abraham Lincoln

0554　The greatest weapon against stress is our ability to choose one thought over another.

스트레스에 맞서는 가장 강력한 무기는 하나의 생각보다 다른 생각을 선택할 수 있는 우리의 능력이다.

윌리엄 제임스 William James

0555　Humility is a strange flower; it grows best in winter weather, and under storms of affliction.

겸손은 겨울 날씨와 고난의 폭풍 속에서 가장 잘 자라는 묘한 꽃이다.

새뮤얼 러더퍼드 Samuel Rutherford

0556　Faith is not jumping to conclusions. It is concluding to jump.

믿음은 결론으로 뛰어드는 것이 아니라, 뛰어들기 위해 결론을 내리는 것이다.

W. T. 퍼키저 W. T. Purkiser

0557　Innocence does not protect you from the evil designs of others.

순수함은 다른 사람들의 악한 의도로부터 당신을 보호해 주지 않는다.

프레더릭 렌츠 Frederick Lenz

0558　I met in the street a very poor young man who was in love. His hat was old, his coat worn, his cloak was out at the elbows, the water passed through his shoes, - and the stars through his soul.

저는 길거리에서 사랑에 빠진 아주 가난한 청년을 만났습니다. 그의 모자는 낡았고, 코트는 닳아 없어졌으며, 외투는 팔꿈치 부분이 벗겨져 있었고, 구두로는 물이 새어 들어왔고... 그리고 별은 그의 영혼을 통과해 들어왔습니다.

빅토르 위고 Victor Hugo

0559　Fear defeats more people than any other one thing in the world.

세상 어떤 것보다도 두려움이 가장 많은 사람을 좌절시킨다.

랠프 월도 에머슨 Ralph Waldo Emerson

0560　In school, you're taught a lesson and then given a test. In life, you're given a test that teaches you a lesson.

학교에서는 배운 다음에 시험을 치지만, 인생에서는 시험을 치르면서 배우게 된다.

톰 보뎃 Tom Bodett

CHAPTER

5

0561　There can be no keener revelation of a society's soul than the way in which it treats its children.

> 한 사회의 영혼을 그 사회가 아이들을 대하는 방식보다 더 예리하게 드러내는 것은 없다.

넬슨 만델라 Nelson Mandela

0562　A moment of patience in a moment of anger prevents a thousand moments of regret.

> 분노의 순간에 잠깐의 인내가 천 번의 후회를 막는다.

알리 이븐 아비 탈리브 Ali ibn Abi Talib

0563　Anger or bitterness toward those who have hurt you will block your path to higher ground. You can have anger toward people or you can have freedom from people, but you can't have both.

> 자신에게 상처를 준 사람들에 대한 분노나 괴로움은 더 높은 곳으로 나아가는 길을 막는다. 사람을 향한 분노를 가질 수도 있고, 사람으로부터의 자유를 가질 수도 있지만, 둘 다 가질 수는 없다.

버논 하워드 Vernon Howard

0564　In general, pride is at the bottom of all great mistakes.

일반적으로 모든 큰 실수의 밑바탕에는 자만심이 깔려 있다.

존 러스킨 John Ruskin

0565　The wall between us is not made of bricks, but of misunderstanding.

우리 사이의 벽은 벽돌로 만들어진 것이 아니라, 오해로 만들어진 것이다.

존 러벅 John Lubbock

0566　Negotiation is empathy. It's almost trite to say that if you can't put yourself in the seat of the other person you're speaking with, you're not going to do well. It's not about being a bully, not about making offers people can't refuse.

협상은 공감이다. 대화하는 상대방의 입장에 서볼 수 없다면 좋은 결과를 얻지 못할 것이라는 말은 거의 진부할 정도다. 협상은 상대를 위협하는 것도 아니고, 거절할 수 없는 제안을 하는 것도 아니다.

마크 랜돌프 Marc Randolph

0567　In the animal kingdom, the rule is, eat or be eaten; in the human kingdom, define or be defined.

동물의 왕국에서는 먹거나 먹히는 것이 규칙이지만, 인간의 왕국에서는 정의하거나 정의당하는 것이 규칙이다.

토머스 사스 Thomas Szasz

0568　If you owe the bank $100 that's your problem. If you owe the bank $100 million, that's the bank's problem.

은행에 100달러의 빚이 있다면 그것은 당신의 문제다. 은행에 1억 달러의 빚이 있다면 그것은 은행의 문제다.

J. 폴 게티 J. Paul Getty

0569　I would rather be poor in a cottage full of books than a king without the desire to read.

책으로 가득한 오두막에서 가난하게 사는 것이 읽고자 하는 욕망이 없는 왕이 되는 것보다 낫다.

토머스 배빙턴 매콜리 Thomas Babington Macaulay

0570　The blue sky is the ultimate art gallery just above us.

푸른 하늘은 우리 바로 위에 있는 궁극의 미술관이다.

랠프 월도 에머슨 Ralph Waldo Emerson

0571　We may have all come on different ships, but we're in the same boat now.

우리는 서로 다른 배를 타고 왔을지 모르지만, 지금은 모두 같은 배에 타고 있다.

마틴 루터 킹 주니어 Martin Luther King, Jr.

0572　The dance can reveal everything mysterious that is hidden in music, and it has the additional merit of being human and palpable. Dancing is poetry with arms and legs.

춤은 음악에 숨겨진 신비로운 모든 것을 드러낼 수 있으며, 인간직이고 피부로 느낄 수 있다는 추가적인 장점이 있습니다. 춤은 팔과 다리가 있는 시입니다.

샤를 보들레르 Charles Baudelaire

0573　To a brave man, good and bad luck are like his left and right hand. He uses both.

용감한 사람에게 행운과 불운은 왼손과 오른손과 같다. 그는 두 가지를 모두 사용한다.

시에나의 성녀 카테리나 St. Catherine of Siena

0574　No one's busy thinking bad things about you. They're all too busy thinking bad things about themselves.

아무도 당신에 대해 나쁜 생각을 하느라 바쁘지 않다. 그들은 모두 자신에 대해 나쁜 생각을 하느라 바쁘다.

패트릭 스텀프 Patrick Stump

0575　Learning and innovation go hand in hand. The arrogance of success is to think that what you did yesterday will be sufficient for tomorrow.

학습과 혁신은 함께 가야 한다. 성공의 오만함은 어제 한 일이 내일도 충분할 것이라고 생각하는 것이다.

윌리엄 폴러드 William Pollard

0576　A strong positive mental attitude will create more miracles than any wonder drug.

강력한 긍정적인 마음가짐은 그 어떤 명약보다 더 많은 기적을 만들어낼 것이다.

퍼트리샤 닐 Patricia Neal

0577　Patriotism means to stand by the country. It does not mean to stand by the president.

애국심은 국가 편에 서는 것을 의미한다. 대통령 편에 서는 것을 의미하지는 않는다.

시어도어 루스벨트 Theodore Roosevelt

0578　A thousand words will not leave so deep an impression as one deed.

천 마디 말로는 한 번의 행동만큼 깊은 인상을 남길 수 없다.

헨리크 입센 Henrik Ibsen

0579　All is well. You did not come here to fix a broken world. The world is not broken. You came here to live a wonderful life. And if you can learn to relax a little and let it all in, you will begin to see the universe present you with all that you have asked for.

다 괜찮습니다. 여러분은 망가진 세상을 고치러 여기 온 것이 아닙니다. 세상은 망가지지 않았습니다. 당신은 멋진 삶을 살기 위해 이곳에 왔습니다. 조금만 긴장을 풀고 모든 것을 받아들이는 법을 배울 수 있다면, 우주가 여러분이 원하는 모든 것을 선물하는 것을 보게 될 것입니다.

에스더 힉스 Esther Hicks

0580　To acquire knowledge, one must study; but to acquire wisdom, one must observe.

지식을 얻으려면 공부를 해야 하지만, 지혜를 얻으려면 관찰을 해야 한다.

매릴린 보스 서번트 Marilyn vos Savant

0581　A warm smile is the universal language of kindness.

따뜻한 미소는 친절의 보편적인 언어다.

윌리엄 아서 워드 William Arthur Ward

0582　Flattery and insults raise the same question: What do you want?

아첨과 모욕은 똑같은 질문을 던진다. 당신은 무엇을 원하는가?

메이슨 쿨리 Mason Cooley

0583　The greatest tragedy for any human being is going through their entire lives believing the only perspective that matters is their own.

인간에게 가장 큰 비극은 자신의 관점만이 중요하다고 믿으며 평생을 사는 것이다.

더그 볼드윈 Doug Baldwin

0584　Glass, china, and reputation are easily cracked, and never well mended.

유리, 도자기, 그리고 평판은 쉽게 깨지며, 절내 잘 고쳐지지 않는다.

벤저민 프랭클린 Benjamin Franklin

0585　Being a fish out of water is tough, but that's how you evolve.

물 밖으로 나온 물고기가 되는 것은 힘든 일이지만, 그것이 바로 진화하는 방법이다.

쿠마일 난지아니 Kumail Nanjiani

0586　Behind all seen things lies something vaster; everything is but a path, a portal or a window opening on something other than itself.

보이는 모든 것 뒤에는 더 광활한 무언가가 숨어 있으며, 모든 것은 그 자체가 아닌 다른 무언가로 통하는 길, 문 또는 창에 지나지 않는다.

앙투안 드 생텍쥐페리 Antoine de Saint-Exupery

0587　There may be a great fire in our hearts, yet no one ever comes to warm himself at it, and the passers-by see only a wisp of smoke.

우리의 마음속에는 큰불이 타오르고 있지만, 누구도 와서 몸을 녹이는 사람은 없고, 지나가는 사람들에게는 한 줄기 연기만 보일 뿐이다.

빈센트 반 고흐 Vincent Van Gogh

0588　A successful marriage requires falling in love many times, always with the same person.

성공적인 결혼 생활은 항상 같은 사람과 여러 번 사랑에 빠지는 것을 필요로 한다.

미뇽 맥러플린 Mignon McLaughlin

0589　When angry count to ten before you speak. If very angry, count to one hundred.

화가 났다면 말하기 전에 10까지 세어라. 머리끝까지 화가 났다면, 100까지 세어라.

토머스 제퍼슨 Thomas Jefferson

0590　A sound mind in a sound body, is a short, but full description of a happy state in this World: he that has these two, has little more to wish for; and he that wants either of them, will be little the better for anything else.

건강한 신체에 건강한 정신이 깃든다는 것은 이 세상에서 행복한 상태를 간결하면서도 완전하게 묘사한 것이다. 이 두 가지를 가진 사람은 더 바랄 것이 거의 없으며, 그 중 하나라도 없는 사람은 다른 어떤 것도 별로 도움이 되지 않을 것이다.

존 로크 John Locke

0591　There are basically two types of people. People who accomplish things, and people who claim to have accomplished things. The first group is less crowded.

기본적으로 세상에는 두 부류의 사람이 있다. 일을 성취하는 사람과 일을 성취했다고 주장하는 사람이다. 그리고 첫 번째 부류는 많지 않다.

마크 트웨인 Mark Twain

0592　An unjust law is itself a species of violence. Arrest for its breach is more so.

부당한 법은 그 자체로 폭력의 한 종류이다. 그 위반에 대한 체포는 더 그렇다.

마하트마 간디 Mahatma Gandhi

0593　The most important thing is to live an interesting life. Keep your eyes, ears and heart open. Talk to people and visit interesting places, and don't forget to ask questions.

가장 중요한 것은 흥미로운 삶을 사는 것이다. 눈과 귀 그리고 마음을 열어두어라. 사람들과 대화하고 흥미로운 곳들을 찾아가며, 질문하는 것을 잊지 마라.

마이클 모퍼고 Michael Morpurgo

0594　The best trips are those that answer questions you didn't even think to ask.

가장 좋은 여행은 당신이 생각지도 못한 질문에 답을 주는 여행이다.

릭 리지웨이 Rick Ridgeway

0595　I think we consider too much the good luck of the early bird and not enough the bad luck of the early worm.

우리는 일찍 일어나는 새의 행운만 지나치게 생각하고, 일찍 일어나는 벌레의 불운은 충분히 고려하지 않는 것 같다.

프랭클린 D. 루스벨트 Franklin D. Roosevelt

0596　A system is only as effective as the people who use it.

시스템은 결국 그것을 사용하는 사람만큼만 효과적이다.

W. 에드워즈 데밍 W. Edwards Deming

0597 Slow down and enjoy life. It's not only the scenery you miss by going to fast - you also miss the sense of where you are going and why.

속도를 늦추고 인생을 즐겨라. 빨리 가면 풍경만 놓치는 것이 아니라, 어디로 가는지 왜 가는지에 대한 감각도 놓치게 된다.

에디 캔터 Eddie Cantor

0598 The dead cannot cry out for justice. It is a duty of the living to do so for them.

죽은 자는 정의를 외칠 수 없다. 그들을 대신해 외치는 것은 산 자의 의무다.

로이스 맥마스터 부졸드 Lois McMaster Bujold

0599 A smart man only believes half of what he hears, a wise man knows which half.

똑똑한 사람은 듣는 것의 절반만을 믿지만, 지혜로운 사람은 어떤 절반을 믿어야 하는지 알고 있다.

제프 쿠퍼 Jeff Cooper

0600　Evil is unspectacular and always human, and shares our bed and eats at our own table.

악은 눈에 띄지 않고 언제나 인간적인 존재이며, 우리와 같은 침대에서 자고 같은 식탁에서 함께 밥을 먹는다.

W. H. 오든 W. H. Auden

0601　It is easy to sit up and take notice, What is difficult is getting up and taking action.

똑바로 앉아서 주의를 기울이는 것은 쉬운 일이지만, 일어나서 행동을 취하는 것은 어려운 일이다.

오노레 드 발자크 Honore de Balzac

0602　If I create from the heart, nearly everything works; if from the head, almost nothing.

마음에서 우러난 일이면 거의 모두 제대로 이뤄지지만, 머리에서 나온 것이면 거의 그렇지 않다.

마르크 샤갈 Marc Chagall

0603　The emotional brain responds to an event more quickly than the thinking brain.

감정을 담당하는 뇌는 사고(思考)를 담당하는 뇌보다 사건에 더 빠르게 반응한다.

대니얼 골먼 Daniel Goleman

0604　One of the most sincere forms of respect is actually listening to what another has to say.

가장 진실한 형태의 존경은 실제로 다른 사람이 말하는 것을 듣는 것이다.

브라이언트 H. 맥길 Bryant H. McGill

0605　When we are no longer able to change a situation - we are challenged to change ourselves.

더 이상 상황을 바꿀 수 없을 때, 우리는 스스로를 변화시켜야 한다.

빅토르 E. 프랑클 Viktor E. Frankl

0606　We now accept the fact that learning is a lifelong process of keeping abreast of change. And the most pressing task is to teach people how to learn.

우리는 이제 학습이 변화를 따라잡기 위한 평생의 과정이라는 사실을 받아들인다. 그리고 가장 시급한 과제는 사람들에게 배우는 방법을 가르치는 것이다.

피터 드러커 Peter Drucker

0607　Our duty is to encourage every one in his struggle to live up to his own highest idea, and strive at the same time to make the ideal as near as possible to the Truth.

우리의 의무는 각자가 자신의 가장 높은 이상에 따라 살려는 노력을 격려하는 것이며, 동시에 그 이상을 가능한 한 진리에 가깝게 만들기 위해 노력하는 것이다.

스와미 비베카난다 Swami Vivekananda

0608　Peace is not absence of conflict, it is the ability to handle conflict by peaceful means.

평화는 갈등이 없는 것이 이니라, 평화로운 방법으로 갈등을 처리하는 능력이다.

로널드 레이건 Ronald Reagan

0609　We never are definitely right, we can only be sure we are wrong.

우리는 절대적으로 옳다고 할 수 없고, 오직 틀렸다는 것만 확실하게 알 수 있다.

리처드 P. 파인만 Richard P. Feynman

0610　You don't have to be a genius or a visionary or even a college graduate to be successful. You just need a framework and a dream.

당신은 성공하기 위해 천재, 선지자, 심지어 대학 졸업자가 될 필요가 없다. 당신에게 단지 필요한 것은 체계와 꿈이다.

마이클 델 Michael Dell

0611　I think coexisting with another life form is a very rich experience. It's why people keep plants and animals.

다른 생명체와 공존하는 것은 매우 풍부한 경험이라고 생각합니다. 사람들이 동식물을 기르는 이유이기도 합니다.

수전 올리언 Susan Orlean

0612 You don't have to burn books to destroy a culture. Just get people to stop reading them.

문화를 파괴하기 위해 책을 태울 필요는 없다. 사람들이 책을 읽지 않게 만들기만 하면 된다.

레이 브래드버리 Ray Bradbury

0613 Rest is not idleness, and to lie sometimes on the grass under trees on a summer's day, listening to the murmur of the water, or watching the clouds float across the sky, is by no means a waste of time.

휴식은 게으름이 아니다. 여름날 나무 아래 풀밭에 때때로 누워서 물소리를 듣거나 하늘을 떠다니는 구름을 바라보는 것은 절대 시간 낭비가 아니다.

존 러벅 John Lubbock

0614 Live as if you were to die tomorrow. Learn as if you were to live forever.

내일 죽을 것처럼 살아라. 영원히 살 것처럼 배워라.

마하트마 간디 Mahatma Gandhi

0615　A successful man is one who can lay a firm foundation with the bricks others have thrown at him.

성공한 사람은 다른 사람들이 자신에게 던진 벽돌로 확고한 기반을 다질 수 있는 사람이다.

데이비드 브링클리 David Brinkley

0616　I am patient with stupidity but not with those who are proud of it.

나는 어리석음을 참을 수 있지만, 그것을 자랑스러워하는 사람들을 참을 수 없다.

이디스 시트웰 Edith Sitwell

0617　Never confuse a single defeat with a final defeat.

한 번의 패배와 최후의 패배를 혼동하지 마라.

F. 스콧 피츠제럴드 F. Scott Fitzgerald

0618　That men do not learn very much from the lessons of history is the most important of all the lessons of history.

사람들이 역사의 교훈에서 많은 것을 배우지 못한다는 것은 역사의 모든 교훈 중에서 가장 중요한 교훈이다.

올더스 헉슬리 Aldous Huxley

0619　I learned you can't control everything. You've got to roll with the dice sometimes.

모든 걸 통제할 수 없다는 것을 깨달았다. 가끔은 운에 맡겨야 할 때도 있다.

앤서니 존슨 Anthony Johnson

0620　Happiness is not a state to arrive at, but a manner of traveling.

행복은 도달해야 할 상태가 아니라 여행하는 방식이다.

마거릿 리 런벡 Margaret Lee Runbeck

0621　The moment one gives close attention to any thing, even a blade of grass it becomes a mysterious, awesome, indescribably magnificent world in itself.

어떤 것이든 세심한 주의를 기울이는 순간, 심지어 풀잎 한 포기라도 그 자체로 신비롭고 경이로우며 형언할 수 없을 만큼 장엄한 세계가 된다.

헨리 밀러 Henry Miller

0622　Those who dare to fail miserably can achieve greatly.

비참하게 실패할 용기를 가진 사람들이 크게 성취할 수 있다.

존 F. 케네디 John F. Kennedy

0623　The waste of life lies in the love we have not given, the powers we have not used, the selfish prudence that will risk nothing, and which, shirking pain, misses happiness as well.

인생의 낭비는 우리가 베풀지 않은 사랑, 사용하지 않은 능력, 아무것도 감수하지 않으려는 이기적인 신중함, 그리고 고통을 피하려다 결국 행복도 놓쳐버리는 것에 있다.

메리 촘리 Mary Cholmondeley

0624　It's remarkable how much long-term advantage people like us have gotten by trying to be consistently not stupid, instead of trying to be very intelligent.

우리 같은 사람들이 매우 똑똑해지려고 노력하는 대신 일관되게 멍청하지 않으려고 노력함으로써 장기적으로 얼마나 많은 이득을 얻었는지는 정말 놀랍습니다.

찰리 멍거 Charlie Munger

0625　Myth is a powerful medium because it talks to the emotions and not the head. It moves us into an area of mystery.

신화는 머리가 아니라 감정에 말을 걸기 때문에 강력한 매개체이다. 신화는 우리를 신비의 영역으로 이끈다.

샘 셰퍼드 Sam Shepard

0626　To give real service you must add something which cannot be bought or measured with money, and that is sincerity and integrity.

진정한 서비스를 제공하려면 돈으로 살 수도 없고 측정할 수도 없는 무언가를 더해야 하는데, 그것이 바로 신성성과 성실함이다.

더글러스 애덤스 Douglas Adams

0627 It is through science that we prove, but through intuition that we discover.

과학으로 입증하지만, 직관으로 발견한다.

앙리 푸앵카레 Henri Poincare

0628 When you grab at too many things at once, you end up losing everything.

한꺼번에 너무 많은 것을 잡으려 하면, 결국 모든 것을 잃게 된다.

이솝 Aesop

0629 The biggest difficulty in getting to the top of the ladder is getting through the crowd at the bottom.

사다리 꼭대기에 오르는 데 가장 큰 어려움은 바닥에 있는 수많은 인파를 뚫고 올라가는 것이다.

바비 나이트 Bobby Knight

0630　There is something in the nature of tea that leads us into a world of quiet contemplation of life.

차의 본질에는 우리를 조용히 삶을 관조하는 세계로 이끄는 무언가가 있다.

린 위탕 Lin Yutang

0631　No matter how chaotic it is, wildflowers will still spring up in the middle of nowhere.

아무리 혼란스럽더라도, 들꽃은 여전히 어딘지도 모르는 곳에서 피어날 것이다.

세릴 크로 Sheryl Crow

0632　I have noticed even people who claim everything is predestined, and that we can do nothing to change it, look before they cross the road.

나는 모든 것의 운명이 정해져 있고 우리는 그것을 바꾸기 위해 아무것도 할 수 없다고 주장하는 사람들조차도 길을 건너기 전에 살피는 것을 알게 되었다.

스티븐 호킹 Stephen Hawking

0633　The pessimist complains about the wind; the optimist expects it to change; the realist adjusts the sails.

비관론자는 바람에 대해 불평하고, 낙관론자는 바람이 바뀌기를 기대하며, 현실주의자는 돛을 조정한다.

윌리엄 아서 워드 William Arthur Ward

0634　During negotiations nothing is gained by attacking people's comfort zones.

협상 중에는 상대방의 안전지대를 공격해서는 아무것도 얻을 수 없다.

앨런 슈거 Alan Sugar

0635　To waken interest and kindle enthusiasm is the sure way to teach easily and successfully.

흥미를 불러일으키고 열정에 불을 지피는 것이 쉽고 성공적으로 가르치는 확실한 방법이다.

트라이언 에드워즈 Tryon Edwards

0636 Throughout life people will make you mad, disrespect you and treat you bad. Let God deal with the things they do, cause hate in your heart will consume you too.

살다 보면 사람들은 당신을 화나게 하고, 무시하고, 나쁘게 대할 것이다. 그들이 하는 일을 신이 처리하도록 내버려두어라. 그렇지 않으면 마음속의 증오가 당신도 집어삼킬 것이기 때문이다.

월 스미스 Will Smith

0637 Making the simple complicated is commonplace; making the complicated simple, awesomely simple, that's creativity.

단순한 것을 복잡하게 만드는 것은 흔한 일이다. 하지만, 복잡한 것을 놀랍도록 단순하게 만드는 것은 정말 어렵고, 우리는 그것을 창의성이라고 부른다.

찰스 밍거스 Charles Mingus

0638 Three things cannot be long hidden: the sun, the moon, and the truth.

태양, 달, 진실, 이 세 가지는 오래 숨길 수 없다.

부처 Buddha

0639　We all fall to the floor at some point. It's how you pick yourself up that's the real challenge. Isn't it?

우리는 누구나 언젠가는 쓰러집니다. 진짜 도전은 다시 어떻게 일어서느냐입니다. 그렇지 않나요?

마돈나 Madonna Ciccone

0640　I am inspired by the buildings in my city, by park greenery and dazzling store windows, by the jaunty strollers and umbrellas and billboards I walk past. Just strolling our streets, we encounter creativity every single day.

도시의 건물들, 공원의 푸른 녹지, 반짝이는 상점 창문, 경쾌하게 산책하는 사람들과 우산, 그리고 지나치는 광고판들이 나에게 영감을 준다. 그저 거리를 걷기만 해도, 우리는 매일매일 창의성을 마주하게 된다.

애그니스 군드 Agnes Gund

0641　Extraordinary people survive under the most terrible circumstances and they become more extraordinary because of it.

비범한 사람들은 가장 끔찍한 상황에서도 살아남고, 그로 인해 더욱 비범해진다.

로버트슨 데이비스 Robertson Davies

0642 No person was ever honored for what he received. Honor has been the reward for what he gave.

그 누구도 받은 것으로 존경받지 못했다. 존경은 베푼 것에 대한 보상이었다.

캘빈 쿨리지 Calvin Coolidge

0643 What is needed, rather than running away or controlling or suppressing or any other resistance, is understanding fear; that means, watch it, learn about it, come directly into contact with it. We are to learn about fear, not how to escape from it.

필요한 것은 도망치거나 통제하거나 억압하거나 다른 어떤 저항을 하는 것이 아니라 두려움을 이해하는 것이다. 즉, 두려움을 관찰하고, 배우고, 직접 접촉하는 것이다. 우리는 두려움을 피하는 방법이 아니라 두려움 그 자체를 배워야 한다.

지두 크리슈나무르티 Jiddu Krishnamurti

0644 Experience without theory is blind, but theory without experience is mere intellectual play.

이론 없는 경험은 맹목적이지만, 경험 없는 이론은 단지 지적 놀이일 뿐이다.

이마누엘 칸트 Immanuel Kant

0645 He that would be a great man must learn to turn every accident to some advantage.

위대한 사람이 되려는 사람은 모든 우연을 어떤 이점으로 바꾸는 법을 배워야 한다.

프랑수아 드 라로슈푸코 Francois de La Rochefoucauld

0646 Life is not fair, it never was and it is now and it won't ever be. Do not fall into the trap. The entitlement trap, of feeling like you're a victim. You are not.

인생은 공평하지 않다. 예전에도 그랬고 지금도 그렇고 앞으로도 절대 그렇지 않을 것이다. 함정에 빠지지 마라. '나는 피해자'라는 '특권 의식의 함정'에 빠지지 마라. 당신은 피해자가 아니다.

매튜 매코너헤이 Matthew McConaughey

0647 Three passions, simple but overwhelmingly strong, have governed my life: the longing for love, the search for knowledge, and unbearable pity for the suffering of mankind.

사랑에 대한 갈망, 지식에 대한 탐구, 인류의 고통에 대한 참을 수 없는 연민이라는 단순하지만 압도적으로 강한 세 가지 열정이 제 삶을 지배해 왔습니다.

버트런드 러셀 Bertrand Russell

0648 Courage is often lack of insight, whereas cowardice in many cases is based on good information.

용기는 종종 통찰력의 부족에서 비롯되며, 반면에 비겁함은 많은 경우 충분한 정보에 기반을 둔다.

피터 유스티노프 Peter Ustinov

0649 Tough times never last, but tough people do.

힘든 시기는 절대 오래가지 않지만, 강인한 사람은 오래 간다.

로버트 H. 슐러 Robert H. Schuller

0650 Poverty must not be a bar to learning and learning must offer an escape from poverty.

가난이 배움을 가로막는 장애물이 되어서는 안 되며, 배움은 가난에서 벗어날 수 있는 탈출구가 되어야 한다.

린든 B. 존슨 Lyndon B. Johnson

0651　You can tell a lot about a person by the way they treat waiters and shop assistants, especially when you are one.

웨이터나 점원을 대하는 방식을 보면 그 사람에 대해 많은 것을 알 수 있다. 특히 당신이 그 웨이터나 점원일 때는 더욱 그렇다.

찰리 브루커 Charlie Brooker

0652　Art should comfort the disturbed and disturb the comfortable.

예술은 불안한 사람을 위로해야 하고, 편안한 사람을 불편하게 해야 한다.

뱅크시 Banksy

0653　A hungry stomach has no ears.

배고픈 배는 귀가 없다.

장 드 라 퐁텐 Jean de La Fontaine

0654　Anyone can steer the ship when the sea is calm.

바다가 잔잔할 때는 누구나 배의 키를 잡을 수 있다.

푸블릴리우스 시루스 Publilius Syrus

0655　There is nothing permanent except change.

변화 외에 영원한 것은 없다.

헤라클레이토스 Heraclitus

0656　Slow but steady wins the race.

느리더라도 꾸준하면 경주에서 이긴다.

이솝 Aesop

0657　Beware of false knowledge; it is more dangerous than ignorance.

잘못된 지식을 조심하라. 그것은 무지보다 더 위험하다.

조지 버나드 쇼 George Bernard Shaw

0658　More gold has been mined from the thoughts of men than has been taken from the earth.

인간의 생각에서 캐낸 황금이 땅속에서 채굴된 것보다 더 많다.

나폴레온 힐 Napoleon Hill

0659　When something is bothering me, I seek refuge. No need to travel far; a trip to the realm of literary memory will suffice. For where can one find more noble distraction, more entertaining company, more delightful enchantment than in literature?

무언가가 나를 괴롭힐 때, 나는 피난처를 찾는다. 멀리 갈 필요도 없다. 문학적 기억의 영역으로의 여행이면 충분하다. 문학보다 더 고귀한 위안, 더 즐거운 동반자, 더 유쾌한 매혹을 어디서 찾을 수 있겠는가?

뮈리엘 바르베리 Muriel Barbery

0660　　We judge others by their behavior. We judge ourselves by our intentions.

우리는 다른 사람을 행동으로 판단하고, 자기 자신은 의도로 판단한다.

스티븐 코비 Stephen Covey

0661　　Every situation should be considered in its context. If you live deep in the mountains, you can't drive a Ferrari. What you need is a powerful pickup truck.

모든 상황은 맥락 속에서 고려되어야 한다. 깊은 산속에 살면서 페라리를 탈 수 없다. 당신에게 필요한 것은 강력한 픽업트럭이다.

고영성 Youngsung Ko

0662　　When I tell the truth, it is not for the sake of convincing those who do not know it, but for the sake of defending those that do.

내가 진실을 말하는 것은 그것을 모르는 사람들을 설득하기 위함이 아니라, 그것을 아는 사람들을 지키기 위함이다.

윌리엄 블레이크 William Blake

0663　You can't wait for inspiration. You have to go after it with a club.

영감이 떠오르기를 기다릴 수 없다. 몽둥이를 들고 쫓아가야 한다.

잭 런던 Jack London

0664　I hated every minute of training, but I said, 'Don't quit. Suffer now and live the rest of your life as a champion'.

나는 훈련의 모든 순간이 싫었지만, '포기하지 마라. 지금 고통을 겪고 나머지 인생을 챔피언으로 살아라.'라고 되뇌었다.

무하마드 알리 Muhammad Ali

0665　Failure saves lives. In the airline industry, every time a plane crashes the probability of the next crash is lowered by that. The Titanic saved lives because we're building bigger and bigger ships. So these people died, but we have effectively improved the safety of the system, and nothing failed in vain.

실패는 생명을 구한다. 항공업계에서 비행기가 추락할 때마다 다음 추락 사고의 확률은 그만큼 낮아진다. 타이타닉호의 침몰은 우리가 더 크고 안전한 배를 건조하도록 만들었기에 결과적으로 생명을 구한 셈이다. 안타깝게도 그들은 죽었지만, 우리는 시스템의 안전성을 효과적으로 개선했고, 그 어떤 실패도 헛되지 않았다.

나심 니콜라스 탈레브 Nassim Nicholas Taleb

0666　Anybody who succeeds is helping people. The secret to success is find a need and fill it; find a hurt and heal it; find a problem and solve it.

성공하는 사람은 누구나 사람들을 돕고 있다. 성공의 비결은 필요를 찾아서 채우고, 상처를 찾아서 치유하며, 문제를 찾아서 해결하는 것이다.

로버트 H. 슐러 Robert H. Schuller

0667　Growth is an erratic forward movement: two steps forward, one step back. Remember that and be very gentle with yourself.

성장이란 불규칙하게 앞으로 나아가는 것이다. 두 걸음 전진했다가 한 걸음 후퇴하는 것처럼. 이 사실을 기억하고 자신에게 너그러워져라.

줄리아 캐머런 Julia Cameron

0668　You don't choose your family. They are God's gift to you, as you are to them.

가족은 당신이 선택하는 것이 아니다. 그들은 당신에게 주어진 신의 선물이며, 당신 역시 그들에게 그런 존재이다.

데즈먼드 투투 Desmond Tutu

0669　Appreciation is a wonderful thing: It makes what is excellent in others belong to us as well.

감사란 놀라운 것이다. 그것은 다른 이들의 뛰어남을 우리의 것으로 만들어 준다.

볼테르 Voltaire

0670　One machine can do the work of fifty ordinary men. No machine can do the work of one extraordinary man.

한 대의 기계가 평범한 사람 50명의 일을 할 수 있다. 하지만 어떤 기계도 비범한 사람 한 명의 일은 할 수 없다.

엘버트 허버드 Elbert Hubbard

0671　Low self-esteem is like driving through life with your hand-brake on.

낮은 자존감은 핸드 브레이크를 걸고 인생을 운전하는 것과 같다.

맥스웰 몰츠 Maxwell Maltz

0672 The man who can put himself in the place of other men, who can understand the workings of their minds, need never worry about what the future has in store for him.

다른 사람의 입장이 되어 그들의 마음을 이해할 수 있는 사람은 자신의 미래가 어떻게 될지 전혀 걱정할 필요가 없다.

오언 D. 영 Owen D. Young

0673 For all sad words of tongue and pen, the saddest are these, 'It might have been'.

말로 하든 글로 쓰든 모든 슬픈 표현 중에서 가장 슬픈 것은 '그럴 수도 있었을 텐데'이다.

존 그린리프 휘티어 John Greenleaf Whittier

0674 If you can spend a perfectly useless afternoon in a perfectly useless manner, you have learned how to live.

아무런 쓸모 없이 완벽하게 무의미한 오후를 보낼 수 있다면, 당신은 사는 법을 터득한 것이다.

린 위탕 Lin Yutang

0675　The quality of a person's life is in direct proportion to their commitment to excellence, regardless of their chosen field of endeavor.

삶의 질은 선택한 분야와 관계없이, 탁월함에 대한 헌신에 정비례한다.

빈스 롬바르디 Vince Lombardi

0676　Unless you have bad times, you can't appreciate the good times.

힘든 시절을 겪지 않으면 좋은 시절이 얼마나 소중한지 알 수 없다.

조 토레 Joe Torre

0677　Use power to help people. For we are given power not to advance our own purposes nor to make a great show in the world, nor a name. There is but one just use of power and it is to serve people.

사람들을 돕기 위해 권력을 사용하라. 우리에게 주어진 권력은 자신의 목적을 이루거나 세상에 과시하거나 명성을 떨치기 위해 부여받은 것이 아니다. 권력의 정당한 사용은 단 하나, 사람들을 섬기는 것이다.

조지 W. 부시 George W. Bush

0678　Cowardice asks the question, is it safe? Expediency asks the question, is it politic? Vanity asks the question, is it popular? But conscience asks the question, is it right? And there comes a time when one must take a position that is neither safe, nor politic, nor popular, but one must take it because it is right.

비겁함은 '안전한가'라는 질문을 던진다. 편의주의는 '정치적인가'라는 질문을 던진다. 허영심은 '대중적인가'라는 질문을 던진다. 하지만 양심은 그것이 옳은가라고 묻는다. 그리고 안전하지도, 정치적으로 유리하지도, 인기 있지도 않지만 옳기 때문에 그 입장을 취해야 하는 때가 온다.

마틴 루터 킹 주니어 Martin Luther King, Jr.

0679　The accomplice to the crime of corruption is frequently our own indifference.

부패 범죄의 공범은 흔히 우리 자신의 무관심이다.

베스 마이어슨 Bess Myerson

0680　The greatest and noblest pleasure which men can have in this world is to discover new truths; and the next is to shake off old prejudices.

이 세상에서 인간이 가질 수 있는 가장 위대하고 고귀한 즐거움은 새로운 진리를 발견하는 것이다. 그 다음은 오래된 편견을 떨쳐내는 것이다.

프리드리히 대왕 Frederick II of Prussia

0681　I always like walking in the rain, so no one can see me crying.

나는 언제나 빗속을 걷는 것을 좋아한다. 그러면 아무도 내가 우는 모습을 볼 수 없으니까.

찰리 채플린 Charlie Chaplin

0682　One of the very important characteristics of a student is to question. Let the students ask questions.

학생의 매우 중요한 특징 중 하나는 질문하는 것이다. 학생들로 하여금 질문하게 하라.

A. P. J. 압둘 칼람 A. P. J. Abdul Kalam

0683　Pop culture is a powerful force that shapes our identity.

대중문화는 우리의 정체성을 형성하는 강력한 힘이다.

제이지 Jay-Z

0684　Between stimulus and response there is a space. In that space is our power to choose our response. In our response lies our growth and our freedom.

자극과 반응 사이에는 공간이 있다. 그 공간 안에 우리의 반응을 선택할 힘이 있다. 우리의 반응 안에 우리의 성장과 자유가 담겨 있다.

빅토르 E. 프랑클 Viktor E. Frankl

0685　Travel is never a matter of money but of courage.

여행은 돈의 문제가 아니라 용기의 문제다.

파울로 코엘료 Paulo Coelho

0686　Patience is power. Patience is not an absence of action; rather it is 'timing,' it waits on the right time to act, for the right principles and in the right way, like ice melting in the spring.

인내는 힘이다. 인내심은 행동의 부재(不在)가 아니라 '타이밍'이며, 봄에 얼음이 녹듯이 올바른 원칙과 올바른 방법으로 행동할 적절한 시기를 기다리는 것이다.

풀턴 J. 신 Fulton J. Sheen

0687　Doubt is a pain too lonely to know that faith is his twin brother.

의심은 믿음이 자신의 쌍둥이 형제라는 것을 알기엔 너무나 외로운 고통이다.

칼릴 지브란 Khalil Gibran

0688　What we call public opinion is generally public sentiment.

우리가 '여론'이라고 부르는 것은 대개 '대중의 정서'에 지나지 않는다.

벤저민 디즈레일리 Benjamin Disraeli

0689　The only difference between a hero and the villain is that the villain chooses to use that power in a way that is selfish and hurts other people.

영웅과 악당의 유일한 차이는, 악당은 그 힘을 이기적이며 남을 해치는 방식으로 사용한다는 점이다.

채드윅 보즈먼 Chadwick Boseman

0690　There are no constraints on the human mind, no walls around the human spirit, no barriers to our progress except those we ourselves erect.

인간의 마음에는 제약이 없고, 인간의 정신에는 벽이 없다. 오직 우리 스스로가 세운 장벽을 제외하고는 우리의 발전을 가로막는 장애물은 없다.

로널드 레이건 Ronald Reagan

0691　No man has a good enough memory to be a successful liar.

성공적인 거짓말쟁이가 되기에 충분할 정도로 좋은 기억력을 가진 사람은 없다.

에이브러햄 링컨 Abraham Lincoln

0692　Nothing is poetical if plain daylight is not poetical; and no monster should amaze us if the normal man does not amaze.

평범한 햇빛이 시적이지 않다면, 그 어떤 것도 시적이지 않다. 평범한 사람이 경이롭지 않다면, 그 어떤 괴물도 우리를 놀라게 할 수 없다.

길버트 키스 체스터턴 Gilbert Keith Chesterton

0693　Guard against the impostures of pretended patriotism.

애국심을 가장한 사기를 경계하라.

조지 워싱턴 George Washington

0694　The only thing worse than a coach or CEO who doesn't care about his people is one who pretends to care. People can spot a phony every time.

자신의 직원과 선수들을 신경 쓰지 않는 코치나 CEO보다 훨씬 더 나쁜 것은 신경 쓰는 척하는 사람이다. 사람들은 언제나 가짜를 알아본다.

지미 존슨 Jimmy Johnson

0695　So you start one person at a time. Change one person, you can change a village.

그러니 한 번에 한 명씩 시작하세요. 한 사람을 바꾸면 마을을 바꿀 수 있습니다.

로빈 퀴버스 Robin Quivers

0696　There's no such thing as a free lunch.

공짜 점심 같은 것은 없다.

밀턴 프리드먼 Milton Friedman

0697　Truly successful decision-making relies on a balance between deliberate and instinctive thinking.

진정으로 성공적인 의사 결정은 신중한 사고와 본능적인 사고 사이의 균형에 달려 있다.

말콤 글래드웰 Malcolm Gladwell

0698　Nothing but heaven itself is better than a friend who is really a friend.

진정한 친구보다 더 좋은 것은 천국 말고는 없다.

플라우투스 Plautus

0699　The human race has one really effective weapon, and that is laughter.

인류에게는 정말로 효과적인 무기가 하나 있다. 바로 웃음이다.

마크 트웨인 Mark Twain

0700　To get real diversity of thought, you need to find the people who genuinely hold different views and invite them into the conversation.

실질적인 사고의 다양성을 확보히러면 진정으로 다른 견해를 가진 사람들을 찾아 대화에 초대해야 한다.

애덤 그랜트 Adam Grant

CHAPTER

6

0701   The shoe that fits one person pinches another; there is no recipe for living that suits all cases.

한 사람에게 딱 맞는 신발이 다른 사람에게는 꽉 끼는 것처럼 모든 경우에 맞는 삶의 비결은 없다.

카를 융 Carl Jung

0702   Friendship, of itself a holy tie, is made more sacred by adversity.

우정 그 자체로도 거룩한 유대이지만, 역경에 의해 더욱 신성해진다.

찰스 케일럽 콜턴 Charles Caleb Colton

0703   It takes 20 years to build a reputation and five minutes to ruin it. If you think about that, you'll do things differently.

평판을 쌓는 데는 20년이 걸리지만 그것을 망치는 데는 5분이면 충분하다. 이것을 생각한다면, 당신은 다르게 행동할 것이다.

워런 버핏 Warren Buffet

0704　You can jail a revolutionary, but you can't jail the revolution.

혁명가는 감옥에 가둘 수 있지만, 혁명은 가둘 수 없다.

휴이 뉴턴 Huey Newton

0705　Our lives improve only when we take chances - and the first and most difficult risk we can take is to be honest with ourselves.

우리의 삶은 위험을 감수할 때만 발전할 수 있다. 그리고 우리가 취할 수 있는 가장 어려운 첫 번째 위험은 자신에게 솔직해지는 것이다.

월터 앤더슨 Walter Anderson

0706　Greatness after all, in spite of its name, appears to be not so much a certain size as a certain quality in human lives. It may be present in lives whose range is very small.

결국 위대함은 그 이름과는 달리 삶의 크기가 아니라 삶 속의 어떤 지질에 있는 듯하다. 그래서 위대함은 범위가 아주 작은 삶에도 깃들 수 있다.

필립스 브룩스 Phillips Brooks

0707　An idea not coupled with action will never get any bigger than the brain cell it occupied.

행동으로 연결되지 않는 아이디어는 절대 그것이 차지한 뇌세포보다 더 커질 수 없다.

아놀드 H. 글래소 Arnold H. Glasow

0708　Those who have succeeded at anything and don't mention luck are kidding themselves.

어떤 일에서든 성공을 거두고도 운을 언급하지 않는 사람들은 자신을 속이고 있는 것이다.

래리 킹 Larry King

0709　The world has no idea how much it owes to the presence of righteous men in it.

세상은 그 안에 존재하는 의로운 사람들에게 얼마나 많은 빚을 지고 있는지 전혀 모르고 있다.

F. F. 브루스 F. F. Bruce

0710　When thought becomes excessively painful, action is the finest remedy.

생각이 지나치게 고통스러울 때는 행동이 가장 좋은 치료법이다.

살만 루슈디 Salman Rushdi

0711　To be angry is to revenge the faults of others on ourselves.

화를 낸다는 것은 다른 사람의 잘못을 자신에게 복수하는 것이다.

알렉산더 포프 Alexander Pope

0712　A good cook is like a sorceress who dispenses happiness.

훌륭한 요리사는 행복을 나눠주는 마법사와 같다.

엘사 스키아파렐리 Elsa Schiaparelli

0713　Growth is the great separator between those who succeed and those who do not. When I see a person beginning to separate themselves from the pack, it's almost always due to personal growth.

성장은 성공하는 사람과 그렇지 않은 사람을 구분하는 결정적 요소이다. 어떤 사람이 다른 사람들과 차별화되기 시작하는 모습을 보면, 그 이유는 거의 예외 없이 개인적 성장에 있다.

존 C. 맥스웰 John C. Maxwell

0714　I can barely conceive of a type of beauty in which there is no Melancholy.

우울함이 없는 아름다움은 좀처럼 상상하기 어렵다.

샤를 보들레르 Charles Baudelaire

0715　Disciplining yourself to do what you know is right and important, although difficult, is the highroad to pride, self-esteem, and personal satisfaction.

힘들더라도 옳고 중요한 일을 하도록 자신을 단련하는 것이야말로 자부심, 자존감, 개인적 만족을 얻는 가장 확실한 길이다.

마거릿 대처 Margaret Thatcher

0716　The truth isn't going to bend itself to suit you.

진실은 당신에게 맞추려고 자신을 굽히지 않는다.

맬로리 블랙맨 Malorie Blackman

0717　To be able to concentrate for a considerable time is essential to difficult achievement.

상당한 시간 동안 집중할 수 있는 능력은 어려운 성취를 위해 필수적이다.

버트런드 러셀 Bertrand Russell

0718　Very little is needed to make a happy life; it is all within yourself, in your way of thinking.

행복한 삶을 만드는 데는 아주 적은 것만으로도 충분하다. 그것은 모두 당신 내면에, 당신의 사고방식에 달려 있다.

마르쿠스 아우렐리우스 Marcus Aurelius

0719　If you give your trust to a person who does not deserve it, you actually give him the power to destroy you.

그럴 자격이 없는 사람에게 신뢰를 준다면, 실제로는 그 사람에게 당신을 파괴할 수 있는 힘을 주는 것이다.

미상 Unknown

0720　Support your friends - even in their mistakes. But be clear, however, that it is the friend and not the mistake you are supporting.

친구를 지지하세요. 심지어 실수를 하더라도요. 하지만 당신이 지지하는 것은 친구이지 실수가 아니라는 것을 분명히 하세요.

휴 프래더 Hugh Prather

0721　Consistency of performance is essential. You don't have to be exceptional every week but as a minimum you need to be at a level that even on a bad day you get points on the board.

일관된 성과가 필수적이다. 매주 뛰어날 필요는 없지만 최소한 나쁜 날에도 점수를 올릴 수 있는 수준은 유지해야 한다.

숀 다이치 Sean Dyche

0722　Do not give way to useless alarm; though it is right to be prepared for the worst, there is no occasion to look on it as certain.

쓸데없는 불안에 굴복하지 마라. 최악의 상황에 대비하는 것은 옳지만, 그것을 확실한 일로 여길 이유는 없다.

제인 오스틴 Jane Austen

0723　Nothing dries sooner than a tear.

눈물만큼 금세 마르는 것도 없다.

마르쿠스 툴리우스 키케로 Marcus Tullius Cicero

0724　One cannot and must not try to erase the past merely because it does not fit the present.

단지 현재와 맞지 않는다는 이유만으로 과거를 지우려 해서는 안 되며, 그렇게 할 수도 없다.

골다 메이어 Golda Meir

0725 You never really understand a person until you consider things from his point of view.

그 사람의 관점에서 상황을 고려해보기 전까지는 그 사람을 진정으로 이해할 수 없다.

하퍼 리 Harper Lee

0726 A hero is an ordinary individual who finds the strength to persevere and endure in spite of overwhelming obstacles.

영웅은 압도적인 장애물에도 불구하고 끝까지 견디고 버틸 힘을 찾아내는 평범한 개인이다.

크리스토퍼 리브 Christopher Reeve

0727 Each success only buys an admission ticket to a more difficult problem.

모든 성공은 더 어려운 문제로 들어가는 입장권을 사는 것뿐이다.

헨리 키신저 Henry Kissinger

0728 The worst prison would be a closed heart.

가장 나쁜 감옥은 닫힌 마음일 것이다.

교황 요한 바오로 2세|Pope John Paul II

0729 When you make a to-do list, you should also make a to-not-do list. Warren Buffet was asked about the secret to success, and he said that it was saying no to almost everything. Some of those little tasks won't matter as long as you get the big tasks done.

할 일 목록을 만들 때, 하지 말아야 할 일 목록도 만들어야 한다. 워런 버핏이 성공의 비결을 묻는 질문에 거의 모든 것에 '아니오'라고 말하는 것이라고 답했다. 중요한 일만 제대로 해낸다면, 그 사소한 일들은 그리 중요하지 않다.

브라이언 트레이시|Brian Tracy

0730 The meeting of two personalities is like the contact of two chemical substances: if there is any reaction, both are transformed.

두 인격의 만남은 두 화학 물질의 접촉과 같다. 만약 어떤 반응이 일어난다면, 두 사람 모두 변하게 된다.

카를 융|Carl Jung

0731　Two things awe me most, the starry sky above me and the moral law within me.

나에게 가장 큰 경이로움을 주는 두 가지는 내 위에 있는 별이 가득한 하늘과 내 안에 있는 도덕법칙이다.

이마누엘 칸트 Immanuel Kant

0732　One we discover how to appreciate the timeless values in our daily experiences, we can enjoy the best things in life.

우리가 일상적인 경험에서 시대를 초월한 가치를 이해하는 방법을 발견하면, 우리는 인생에서 최고의 것을 즐길 수 있다.

제롬 K. 제롬 Jerome K. Jerome

0733　Good taste comes more from the judgment than from the intellect.

좋은 취향은 지성보다는 판단력에서 나온다.

프랑수아 드 라로슈푸코 François de La Rochefoucauld

0734　By three methods we may learn wisdom: First, by reflection, which is noblest; Second, by imitation, which is easiest; and third by experience, which is the bitterest.

우리는 세 가지 방법으로 지혜를 배울 수 있다. 첫째, 성찰을 통해 배우는 것으로, 가장 고귀한 방법이다. 둘째, 모방을 통해 배우는 것으로, 가장 쉬운 방법이다. 셋째, 경험을 통해 배우는 것으로, 가장 고통스러운 방법이다.

미상 Unknown

0735　One of the major keys to success is to keep moving forward on the journey, making the best of the detours and interruptions, turning adversity into advantage.

성공의 주요 열쇠 중 하나는 우회와 중단을 최대한 활용하고 역경을 기회로 전환하면서 여정을 계속 전진하는 것입니다.

존 C. 맥스웰 John C. Maxwell

0736　Think like a queen. A queen is not afraid to fail. Failure is another steppingstone to greatness.

여왕처럼 생각하라. 여왕은 실패를 두려워하지 않는다. 실패는 위대함으로 가는 또 다른 디딤돌이다.

오프라 윈프리 Oprah Winfrey

0737　Too often we... enjoy the comfort of opinion without the discomfort of thought.

우리는 너무 자주... 생각의 불편함 없이 의견의 편안함을 누리고 있다.

존 F. 케네디 John F. Kennedy

0738　Drawing is still basically the same as it has been since prehistoric times. It brings together man and the world. It lives through magic.

그림 그리기는 선사시대 이래로 본질적으로 변한 것이 없다. 그것은 사람과 세상을 하나로 연결하며, 마법을 통해 살아 숨 쉰다.

키스 해링 Keith Haring

0739　Every child is an artist. The problem is how to remain an artist once we grow up.

모든 아이는 예술가이다. 문제는 어른이 된 후에도 어떻게 예술가로 남을 수 있느냐는 것이다.

파블로 피카소 Pablo Picasso

0740　The light of a new day always chases the shadows of the night away, and shows us that the shape of our fears is only the ghost of our own minds.

새 아침의 빛은 언제나 밤의 그림자를 걷어내며, 두려움의 형상은 결국 우리 마음의 유령일 뿐이라는 것을 보여준다.

테리 굿카인드Terry Goodkind

0741　When was the last time you wrote a thank you note? When was the last time you went beyond a mechanical "thank you" to express authentic gratitude? We can enrich the lives of others and ourselves by making it a habit to express genuine appreciation for what others have done for us.

마지막으로 감사 카드를 쓴 것이 언제였나요? 기계적인 "감사합니다"를 넘어 진정성 있는 감사를 표현한 것이 언제였나요? 다른 사람이 나에게 해준 일에 대해 진심으로 감사를 표현하는 습관을 들이면 나와 타인의 삶을 풍요롭게 만들 수 있습니다.

마이클 조지프슨Michael Josephson

0742　The price of inaction is far greater than the cost of making a mistake.

행동하지 않음으로써 치르는 대가는 실수를 서지르는 비용보다 훨씬 더 크다.

제이미 프레벨레티Jamie Freveletti

0743　Aunts offer kids an opportunity to try out ideas that don't chime with their parents and they also demonstrate that people can get on, love each other and live together without necessarily being carbon copies.

고모나 이모는 아이들이 부모와 맞지 않는 생각을 시도해 볼 수 있는 기회를 제공하며, 사람들은 꼭 똑같지 않아도 서로 잘 지내고, 사랑하고, 함께 살아갈 수 있다는 것을 보여준다.

세라 셰리던 Sara Sheridan

0744　The worst form of inequality is to try to make unequal things equal.

불평등한 것들을 평등하게 만들려 하는 것이 최악의 불평등이다.

아리스토텔레스 Aristotle

0745　Don't allow people to suck up all your time with their questions or problems. Learn to say 'no' more often.

다른 사람들이 그들의 질문이나 문제로 당신의 시간을 빼앗지 않도록 하세요. '아니요'라고 말하는 연습을 더 자주 하세요.

루이스 하우스 Lewis Howes

0746　Fame always brings loneliness. Success is as ice cold and lonely as the North Pole.

명성은 항상 외로움을 가져온다. 성공은 북극만큼 차갑고 외로운 것이다.

비키 바움 Vicki Baum

0747　I beg you take courage; the brave soul can mend even disaster.

용기를 내시길 간청합니다. 용감한 영혼은 재난도 극복할 수 있습니다.

예카테리나 대제 Catherine the Great

0748　People don't notice whether it's winter or summer when they're happy.

사람들은 행복할 때 겨울인지 여름인지 신경 쓰지 않는다.

안톤 체호프 Anton Chekhov

0749　In the business world, everyone is paid in two coins: cash and experience. Take the experience first; the cash will come later.

비즈니스 세계에서는 모든 사람이 돈 그리고 경험이라는 두 가지 화폐로 보수를 받는다. 경험을 먼저 택하라. 돈은 나중에 따라올 것이다.

해럴드 S. 지닌 Harold S. Geneen

0750　Greed is not a financial issue. It's a heart issue.

탐욕은 재정적 문제가 아니라 마음의 문제다.

앤디 스탠리 Andy Stanley

0751　Eighty percent of life's satisfaction comes from meaningful relationships.

삶의 만족도의 80%는 의미 있는 관계에서 비롯된다.

브라이언 트레이시 Brian Tracy

0752　It is not helpful to help a friend by putting coins in his pockets when he has got holes in his pockets.

주머니에 구멍이 난 친구에게 동전을 넣어주는 것은 도움이 되지 않는다.

엘리자베스 보엔 Elizabeth Bowen

0753　You can't have an industrial revolution, you can't have democracies, you can't have populations who can govern themselves until you have literacy. The printing press simply unlocked literacy.

문해력이 없이는 산업 혁명도, 민주주의도, 스스로 통치할 수 있는 국민도 가질 수 없다. 인쇄기는 그야말로 문해력을 풀어준 열쇠였다.

하워드 라인골드 Howard Rheingold

0754　The gods had condemned Sisyphus to ceaselessly rolling a rock to the top of a mountain, from where the stone would fall back of its own weight. They had thought with some reason that there is no more dreadful punishment than futile and hopeless labor.

신들은 시지프스에게 바위를 산꼭대기까지 굴려 올리게 하고, 그 바위가 스스로의 무게로 다시 아래로 굴러 떨어지면 그것을 끝없이 되풀이하게 하는 형벌을 내렸다. 그들은 무의미하고 절망적인 노동보다 더 두려운 형벌은 없다고 여겼다.

알베르 카뮈 Albert Camus

0755　When you have confidence, you can have a lot of fun. And when you have fun, you can do amazing things.

자신감을 가지면 많은 것을 즐길 수 있다. 그리고 즐길 수 있게 되면 놀라운 일들을 해낼 수 있다.

조 네이머스 Joe Namath

0756　You may succeed in making another feel guilty about something by blaming him, but you won't succeed in changing whatever it is about you that is making you unhappy.

다른 사람을 비난함으로써 그 사람이 뭔가에 대해 죄책감을 느끼게 만드는 데는 성공할 수 있지만, 당신을 불행하게 만드는 자신의 무언가를 바꾸는 데는 성공하지 못할 것이다.

웨인 다이어 Wayne Dyer

0757　It's not the strongest of the species that survive, nor the most intelligent, but the one most responsive to change, especially in difficult times.

가장 강한 종(種)도, 가장 똑똑한 종도 살아남지 못한다. 변화에 가장 잘 반응하는 종, 특히 어려운 시기에 그러한 종이 살아남는다.

리언 C. 메긴슨 Leon C. Megginson

0758　If you knew who walked beside you at all times, on the path that you have chosen, you could never experience fear or doubt again.

　　　자신이 선택한 길에서 항상 곁에 누가 함께 걷고 있는지 안다면, 다시는 두려움이나 의심을 경험할 수 없을 것이다.

웨인 다이어 Wayne Dye

0759　Innovation is like looking for pieces in a jigsaw puzzle. You have to find a lot of pieces that don't match to find the one or two pieces that match.

　　　혁신은 마치 퍼즐 조각을 찾는 것과 같다. 맞는 한두 개의 조각을 찾기 위해 맞지 않는 많은 조각들을 찾아봐야 한다.

에드워드 코나드 Edward Conard

0760　A flower cannot blossom without sunshine, and man cannot live without love.

　　　꽃은 햇빛 없이는 활짝 피어날 수 없고, 사람은 사랑 없이는 살 수 없다.

막스 뮐러 Max Muller

0761 There's a lot more to life than how fat or thin you are.

인생에는 얼마나 뚱뚱하냐, 얼마나 마른가보다 훨씬 더 중요한 것이 많다.

커스티 앨리 Kirstie Alley

0762 The best way to cheer yourself up is to try to cheer somebody else up.

자신의 기운을 북돋아 주는 최고의 방법은 다른 누군가의 기운을 북돋아 주려고 노력하는 것이다.

마크 트웨인 Mark Twain

0763 My favorite things in life don't cost any money. It's really clear that the most precious resource we all have is time.

내가 인생에서 가장 좋아하는 것들은 돈으로 살 수 없다. 그래서 우리 모두가 가진 가장 소중한 자원은 바로 시간이라는 것이 분명하다.

스티브 잡스 Steve Jobs

0764　Just learning to think in another language allows you to see your own culture in a better viewpoint.

다른 언어로 생각하는 법을 배우는 것만으로도 자신의 문화를 더 나은 관점에서 볼 수 있게 된다.

게이츠 맥패든 Gates McFadden

0765　Little minds are tamed and subdued by misfortune; but great minds rise above them.

작은 마음은 불행에 길들여지고 정복당하지만, 위대한 마음은 불행을 뛰어넘는다.

워싱턴 어빙 Washington Irving

0766　Integrity means that you are the same in public as you are in private.

청렴은 당신이 공적으로나 사적으로 똑같은 사람이라는 것을 의미한다.

조이스 마이어 Joyce Meyer

0767　Fear is always there; it's a survival instinct. You just need to know how to manage it.

두려움은 항상 존재한다. 그것은 생존 본능이다. 우리는 그저 그것을 다루는 방법만 알면 된다.

지미 친 Jimmy Chin

0768　God could not be everywhere, and therefore he made mothers.

신은 모든 곳에 있을 수 없기에 어머니를 만드셨습니다.

러디어드 키플링 Rudyard Kipling

0769　I suppose life is a little like that, isn't it, a message in a bottle pitched out to sea, to be carried by the winds and the tides, washing up on the beaches we could never imagine.

인생이란 그런 것 아닐까요. 바다에 던진 병 속의 메시지와 같아서, 바람과 조수에 실려 우리가 결코 상상도 할 수 없는 해변에 닿는 거죠.

진 티어니 Gene Tierney

0770　You'll never find a better sparring partner than adversity.

역경보다 더 좋은 스파링 파트너는 찾을 수 없을 것이다.

골다 메이어 Golda Meir

0771　The biggest risk is not taking any risk... In a world that is changing really quickly, the only strategy that is guaranteed to fail is not taking risks.

가장 큰 위험은 어떤 위험도 감수하지 않는 것이다... 정말 빠르게 변화하는 세상에서 실패가 보장된 유일한 전략은 위험을 감수하지 않는 것이다.

마크 저커버그 Mark Zuckerberg

0772　When I was taken to the concentration camp of Auschwitz, a manuscript of mine ready for publication was confiscated. Certainly, my deep desire to write this manuscript anew helped me to survive the rigors of the camps I was in.

아우슈비츠 수용소로 끌려갔을 때, 출판 준비가 된 원고가 압수되었다. 분명히, 이 원고를 다시 쓰고자 하는 간설한 열망이 수용소의 가혹함을 견디는 데 큰 도움이 되었다.

빅토르 E. 프랑클 Viktor E. Frankl

0773　It is just as cowardly to judge an absent person as it is wicked to strike a defenseless one.

부재 중인 사람을 판단하는 것은 방어할 수 없는 사람을 때리는 것만큼이나 비겁한 일이다.

로런스 G. 로바식 Lawrence G. Lovasik

0774　Freedom makes a huge requirement of every human being. With freedom comes responsibility. For the person who is unwilling to grow up, the person who does not want to carry his own weight, this is a frightening prospect

자유는 모든 인간에게 막대한 요구를 한다. 자유에는 책임이 따른다. 그러기에, 어른이 되려고 하지 않는 사람, 자신의 몫을 짊어지려 하지 않는 사람에게 자유는 두려운 것이다.

엘리너 루스벨트 Eleanor Roosevelt

0775　Eloquence, at its highest pitch, leaves little room for reason or reflection, but addresses itself entirely to the desires and affections, captivating the willing hearers, and subduing their understanding.

웅변은 최고조에 달할 때 이성이나 사색의 여지를 거의 남기지 않고, 오로지 욕망과 감정에만 호소하여 기꺼이 듣는 사람들을 사로잡고 그들의 이해력까지 굴복시킨다.

데이비드 흄 David Hume

0776　The human mind is a dramatic structure in itself and our society is absolutely saturated with drama.

인간의 마음은 그 자체로 극적인 구조이며, 우리 사회는 드라마로 완전히 가득 차 있다.

에드워드 본드 Edward Bond

0777　In every walk with nature one receives far more than he seeks.

자연과 함께하는 모든 걸음에서 사람은 찾고자 했던 것보다 훨씬 더 많은 것을 얻는다.

존 뮤어 John Muir

0778　A gloomy guest fits not a wedding feast.

우울한 손님은 결혼 잔치에 어울리지 않는다.

요한 프리드리히 폰 실러 Johann Friedrich von Schiller

0779 Complete possession is proved only by giving. All you are unable to give possesses you.

완전한 소유는 오직 주는 것으로만 증명된다. 당신이 줄 수 없는 모든 것이 당신을 소유하고 있다.

앙드레 지드 Andre Gide

0780 It is better to debate a question without settling it than to settle a question without debating it.

문제를 해결하지 못하더라도 토론하는 것이, 토론 없이 문제를 해결하는 것보다 낫다.

조제프 주베르 Joseph Joubert

0781 The Earth is a very small stage in a vast cosmic arena.

지구는 광활한 우주 위의 올려진 아주 작은 무대일 뿐이다.

칼 세이건 Carl Sagan

0782　Price is what you pay. Value is what you get.

가격은 당신이 지불하는 것이다. 가치는 당신이 얻는 것이다.

워런 버핏 Warren Buffett

0783　We have no reason to expect the quality of intuition to improve with the importance of the problem. Perhaps the contrary: high-stake problems are likely to involve powerful emotions and strong impulses to action.

문제가 중요하다고 직감이 더 정확해질 거라 생각할 이유는 없다. 오히려 반대일 수도 있다. 중대한 문제일수록 격한 감정과 성급한 행동 욕구가 따라올 가능성이 높다.

대니얼 카너먼 Daniel Kahneman

0784　You can't base your life on other people's expectations.

다른 사람들의 기대에 기반하여 우리의 인생을 살 수는 없다.

스티비 원더 Stevie Wonder

0785　The power of the lawyer is in the uncertainty of the law.

변호사의 힘은 법의 불확실성에 있다.

제러미 벤담 Jeremy Bentham

0786　Magic exists. Who can doubt it, when there are rainbows and wildflowers, the music of the wind and the silence of the stars? Anyone who has loved has been touched by magic. It is such a simple and such an extraordinary part of the lives we live.

마법은 존재한다. 무지개와 들꽃이 있고, 바람의 음악과 별들의 고요함이 있는데, 누가 그것을 의심할 수 있겠는가? 사랑해본 사람은 누구나 마법을 경험했다. 그것은 우리의 삶 속에서 단순하면서도 놀라울 만큼 특별한 일부다.

노라 로버츠 Nora Roberts

0787　The larger the island of knowledge, the longer the shoreline of wonder.

지식의 섬이 클수록, 경이로움의 해안선은 더욱 길어진다.

랠프 W. 속맨 Ralph W. Sockman

0788　It always seems impossible until it's done.

해내기 전까지는 항상 불가능한 일처럼 보인다.

넬슨 만델라 Nelson Mandela

0789　Never be in a hurry; do everything quietly and in a calm spirit. Do not lose your inner peace for anything whatsoever, even if your whole world seems upset.

서두르지 말고 모든 일을 조용하고 차분한 마음으로 처리하세요. 온 세상이 혼란스러워 보이더라도 어떤 일이 있어도 내면의 평화를 잃지 마세요.

성 프란체스코 디 살레스 Saint Francis de Sales

0790　There is only a finger's difference between a wise man and a fool.

현명한 사람과 어리석은 사람 사이에는 손가락 한 마디만큼의 차이밖에 없다.

디오게네스 Diogenes

0791　Success in life is founded upon attention to the small things rather than to the large things; to the every day things nearest to us rather than to the things that are remote and uncommon.

인생의 성공은 큰 것보다는 작은 것에, 멀고 흔하지 않은 것보다는 가까운 일상에 관심을 기울이는 데 기초한다.

부커 T. 워싱턴 Booker T. Washington

0792　The artist's job is to be a witness to his time in history.

예술가의 과업은 자신이 살았던 시대의 목격자가 되는 것이다.

로버트 라우션버그 Robert Rauschenberg

0793　Beware the fury of a patient man.

인내심이 강한 사람의 분노를 조심하세요.

존 드라이든 John Dryden

0794　Because hypocrisy stinks in the nostrils one is likely to rate it as a more powerful agent for destruction than it is.

위선은 역겨운 냄새를 내기 때문에, 우리는 그것을 실제 파괴력보다 더 큰 해악으로 여기는 경향이 있다.

리베카 웨스트 Rebecca West

0795　The moment we believe that success is determined by an ingrained level of ability as opposed to resilience and hard work, we will be brittle in the face of adversity.

성공이 회복력과 노력이 아니라 타고난 능력 수준에 의해 결정된다고 믿는 순간, 우리는 역경 앞에서 쉽게 부서질 것이다.

조슈아 웨이츠킨 Joshua Waitzkin

0796　You cannot shake hands with a clenched fist.

주먹을 쥔 채로는 악수할 수 없다.

인디라 간디 Indira Gandhi

0797　The trick is to be grateful when your mood is high and graceful when it is low.

기분이 좋을 때는 감사한 마음을 갖고, 기분이 좋지 않을 때는 우아하게 대처하는 것이 인생 요령이다.

리처드 칼슨 Richard Carlson

0798　The drop hollows the stone not by force but by often falling.

물방울이 돌을 뚫는 것은 힘이 아니라 자주 떨어지기 때문이다.

루크레티우스 Lucretius

0799　Love can do much, but duty more.

사랑은 많은 것을 할 수 있지만, 의무는 더 많은 것을 할 수 있다.

요한 볼프강 폰 괴테 Johann Wolfgang von Goethe

0800 If you enter this world knowing you are loved and you leave this world knowing the same, then everything that happens in between can be dealt with.

사랑받고 있음을 알며 이 세상에 와서, 여전히 그 사랑을 알고 이 세상을 떠난다면, 그 사이의 모든 일은 견뎌낼 수 있다.

마이클 잭슨 Michael Jackson

0801 It is a grand mistake to think of being great without goodness and I pronounce it as certain that there was never a truly great man that was not at the same time truly virtuous.

선함 없이 위대해질 수 있다고 생각하는 것은 엄청난 착각이다. 진정으로 위대한 사람치고 동시에 진정으로 덕을 갖추지 않은 사람은 절대 없었다고 나는 확신한다.

벤저민 프랭클린 Benjamin Franklin

0802 A friendship that like love is warm; A love like friendship, steady.

사랑 같은 우정은 따뜻하고, 우정 같은 사랑은 꾸준하다.

토머스 무어 Thomas Moore

0803　The final wisdom of life requires not the annulment of incongruity but the achievement of serenity within and above it.

인생의 궁극적 지혜는 부조화를 없애는 것이 아니라, 부조화한 상황 속에서도 그리고 그것을 초월하여 고요함에 이르는 것이다.

라인홀트 니부어 Reinhold Niebuhr

0804　Repentant tears wash out the stain of guilt.

회개의 눈물이 죄책감의 얼룩을 씻어낸다.

성 아우구스티누스 Saint Augustine

0805　It takes two to make a relationship, but only one to screw it up.

관계를 맺는 데는 두 사람이 필요하지만, 망치는 데는 한 사람으로도 충분하다.

나이절 리스고 Nigel Lythgoe

0806　Rivers know this: there is no hurry. We shall get there some day.

강은 이것을 알고 있다. 서두를 필요가 없단 것을. 언젠가 그곳에 도착한다는 것을.

A. A. 밀른 A. A. Milne

0807　File your failures and use them as references. Failures are among the greatest assets, but few truly understand their value. Properly filed failures are more valuable than anything. Never forget that.

실패를 정리하여 참고 자료로 활용하세요. 실패는 가장 큰 자산 중 하나이지만 그 가치를 진정으로 이해하는 사람은 드뭅니다. 제대로 정리된 실패는 그 어떤 것보다 더 가치가 있습니다. 그 사실을 절대 잊지 마세요.

신영준 Youngjun Shin

0808　Developing a good work ethic is key. Apply yourself at whatever you do, whether you're a janitor or taking your first summer job, because that work ethic will be reflected in everything you do in life.

올바른 직업윤리를 기르는 것이 중요하다. 왜냐하면 그 직업윤리는 당신이 인생에서 하는 모든 일에 반영될 것이기 때문에, 해야 할 일이 청소부이든 첫 여름 인턴이든 상관없이 자신에게 반드시 최선을 다해야 한다.

타일러 페리 Tyler Perry

0809　The job of a professor is to make students see the importance of questions.

교수의 역할은 학생들로 하여금 질문의 중요성을 깨닫게 하는 것이다.

미상 Unknown

0810　The best thing is to always keep honest people around, because when you have a bunch of yes men around that know that you're making a mistake but let you go on with it, that's when it ruins your mind state as an artist.

가장 좋은 방법은 정직한 사람들을 항상 곁에 두는 것이다. 실수하는 것을 알면서도 그냥 넘어가는 예스맨이 주변에 많으면, 예술가로서의 정신 상태가 망가질 수 있기 때문이다.

켄드릭 라마 Kendrick Lama

0811　Our prime purpose in this life is to help others. And if you can't help them, at least don't hurt them. Concern for others is the foundation of humanity.

이 생에서 우리의 가장 중요한 목적은 다른 사람들을 돕는 것이다. 그리고 만약 도울 수 없다면, 최소한 해를 끼치지는 마라. 타인에 대한 관심이야말로 인간다움의 근간이다.

달라이 라마 Dalai Lama

0812　Most folks are as happy as they make up their minds to be.

사람들은 대체로 자기가 마음먹은 만큼 행복하다.

에이브러햄 링컨 Abraham Lincoln

0813　No man can add one dollar to his bank account by worrying.

어떤 사람도 걱정으로 자신의 은행 계좌에 1달러를 늘릴 수 없다.

배시 영 Vash Young

0814　We cannot learn from one another until we stop shouting at one another - until we speak quietly enough so that our words can be heard as well as our voices.

우리는 서로에게 소리를 지르는 것을 멈출 때까지, 즉 우리의 말과 목소리가 잘 들릴 수 있을 정도로 조용히 말할 때까지는 서로에게서 배울 수 없다.

리처드 M. 닉슨 Richard M. Nixon

0815　To suppress free speech is a double wrong. It violates the rights of the hearer as well as those of the speaker.

표현의 자유를 억압하는 것은 이중으로 잘못된 일입니다. 말하는 사람의 권리뿐만 아니라 듣는 사람의 권리도 침해하는 것이기 때문입니다.

프레더릭 더글러스 Frederick Douglass

0816　There's a silly notion that failure's not an option at NASA. Failure is an option here. If things are not failing, you are not innovating enough.

NASA에서는 실패는 선택 사항이 아니라는 어리석은 생각이 있다. 여기서는 실패가 선택사항이다. 실패하지 않는다면, 충분히 혁신하지 않는 것이다.

일론 머스크 Elon Musk

0817　The proverb warns that 'You should not bite the hand that feeds you.' But maybe you should, if it prevents you from feeding yourself.

속담은 '먹여 주는 손을 물지 말라'고 경고한다. 그러나 그것이 스스로 살아가려는 노력을 막는다면, 물어야 할지도 모른다.

토머스 사스 Thomas Szasz

0818　The interval between the decay of the old and the formation and establishment of the new constitutes a period of transition which must always necessarily be one of uncertainty, confusion, error, and wild and fierce fanaticism.

낡은 것이 쇠퇴하고 새로운 것이 형성되고 확립되는 사이의 구간은 항상 불확실성, 혼란, 오류, 거칠고 맹렬한 광신으로 가득한 전환기로 구성될 수밖에 없다.

존 C. 칼훈 John C. Calhoun

0819　when you run into something interesting, drop everything else and study it.

흥미로운 것을 발견하면, 다른 모든 것을 내려놓고 그것을 파고들어라.

B. F. 스키너 B. F. Skinner

0820　When we long for life without difficulties, remind us that oaks grow strong in contrary winds and diamonds are made under pressure.

우리가 어려움 없는 삶을 갈망할 때, 참나무는 역풍 속에서 강해지고 다이아몬드는 압력을 받아 만들어진다는 것을 일깨워주소서.

피터 마셜 Peter Marshal

0821　A dream without ambition is like a car without gas... you're not going anywhere.

야망이 없는 꿈은 기름이 없는 자동차와 같다... 아무데도 갈 수 없다.

숀 햄턴 Sean Hampton

0822　Happiness can exist only in acceptance.

행복은 받아들일 때만 존재할 수 있다.

조지 오웰 George Orwell

0823　No one should be ashamed to admit he is wrong, which is but saying, in other words, that he is wiser today than he was yesterday.

누구도 자신이 틀렸다는 사실을 인정하는 것을 부끄러워해서는 안 된다. 이는 달리 말하면, 오늘의 자신이 어제의 자신보다 더 현명해졌다는 뜻이기 때문이다.

알렉산더 포프 Alexander Pope

0824　We will pay a heavy price if we insist on navigating the 21st century with a 20th century mindset.

20세기 사고방식으로 21세기를 헤쳐 나가려 고집한다면 우리는 큰 대가를 치를 것이다.

톰 스타이어 Tom Steyer

0825　Good artists copy, great artists steal.

좋은 예술가는 모방하지만, 위대한 예술가는 훔친다.

파블로 피카소 Pablo Picasso

0826　All life demands struggle. Those who have everything given to them become lazy, selfish, and insensitive to the real values of life. The very striving and hard work that we so constantly try to avoid is the major building block in the person we are today.

모든 삶은 고투를 요구한다. 모든 걸 그냥 받기만 한 사람들은 게으르고 이기적이며 삶의 진정한 가치에 둔감해진다. 우리가 그토록 끊임없이 피하려고 하는 바로 부단한 분투와 고된 노동이 바로 오늘날의 우리를 형성하는 주요한 토대이다.

교황 바오로 6세 Pope Paul VI

0827　In a person who is open to experience each stimulus is freely relayed through the nervous system, without being distorted by any process of defensiveness.

경험에 마음이 열려 있는 사람의 경우, 각 자극은 방어 과정에 의해 왜곡되지 않고 신경계를 통해 자유롭게 전달된다.

칼 로저스 Carl Rogers

0828　Practice does not make perfect. Only perfect practice makes perfect.

연습이 완벽을 만드는 게 아니라, 완벽한 연습만이 완벽을 만든다.

빈스 롬바르디 Vince Lombardi

0829　A light breath fans the flame, a violent gust extinguishes it.

가벼운 입김은 불꽃을 살리지만, 거센 돌풍은 불꽃을 꺼뜨린다.

오비디우스 Ovid

0830　　It took me four years to paint like Raphael, but a lifetime to paint like a child.

라파엘로처럼 그리는 데는 4년이 걸렸지만, 아이처럼 그리는 데는 평생이 걸렸다.

파블로 피카소 Pablo Picasso

0831　　Every real thing is a joy, if only you have eyes and ears to relish it, a nose and tongue to taste it.

눈과 귀로 즐길 수 있고, 코와 혀로 맛볼 수만 있다면, 모든 실재하는 것은 기쁨이다.

로버트 패러 케이폰 Robert Farrar Capon

0832　　Death is like an arrow that is already in flight, and your life lasts only until it reaches you.

죽음은 이미 날아가고 있는 화살과 같으며, 당신의 생명은 화살이 당신에게 도달하는 순간까지만 지속된다.

게오르크 헤르메스 Georg Hermes

0833　Never lose an opportunity of seeing anything beautiful, for beauty is God's handwriting.

아름다운 것을 볼 기회를 절대 놓치지 마라. 아름다움은 신의 필적이기 때문이다.

랠프 월도 에머슨 Ralph Waldo Emerson

0834　Feedback is the breakfast of champions.

피드백은 챔피언의 아침 식사다.

켄 블랜차드 Ken Blanchard

0835　Two roads diverged in a wood. I took the one less traveled by, and that has made all the difference.

숲속에서 두 길이 갈라졌다. 나는 사람이 덜 다닌 길을 택했고, 그것이 모든 차이를 만들었다.

로버트 프로스트 Robert Frost

0836　Never claim as a right what you can ask as a favor.

부탁할 수 있는 것을 권리라고 주장하지 마세요.

존 처턴 콜린스 John Churton Collins

0837　Start by doing what's necessary; then do what's possible; and suddenly you are doing the impossible.

필요한 것부터 시작하고, 그러고 나서 가능한 것을 하라. 그러면 갑자기 당신은 불가능한 것을 하고 있을 것이다.

아시시의 성 프란치스코 Francis of Assisi

0838　If misery loves company, then triumph demands an audience.

불행이 친구를 원한다면, 승리는 청중을 원한다.

브라이언 무어 Brian Moore

0839 Anger will never disappear so long as thoughts of resentment are cherished in the mind.

분함을 마음속에 품고 있는 한 분노는 절대 사라지지 않는다.

부처 Gautama Buddha

0840 When you wash your hands, when you make a cup of coffee, when you're waiting for the elevator - instead of indulging in thinking, these are all opportunities for being there as a still, alert presence.

손을 씻을 때, 커피를 내릴 때, 엘리베이터를 기다릴 때… 이런 순간들은 생각에 빠지는 대신 고요히 깨어 있는 존재로 머물 수 있는 기회다.

에크하르트 톨레 Eckhart Tolle

CHAPTER

7

0841　The shepherd drives the wolf from the sheep's throat, for which the sheep thanks the shepherd as his liberator, while the wolf denounces him for the same act as the destroyer of liberty. Plainly, the sheep and the wolf are not agreed upon a definition of liberty.

목동이 양을 물고 있는 늑대를 쫓아내면, 양은 목동을 해방자라며 감사하지만, 늑대는 그를 자유의 파괴자라며 비난한다. 분명히 양과 늑대는 자유의 정의를 달리하고 있다.

에이브러햄 링컨 Abraham Lincoln

0842　Loud is not strong; quiet is not weak.

시끄러운 것이 강한 것이 아니며, 조용한 것이 약한 것도 아니다.

미상 Unknown

0843　In a tight game, it's all about who makes the fewest mistakes.

접전에서는 누가 실수를 가장 적게 하느냐가 전부다.

존 매든 John Madden

0844   For every beauty there is an eye somewhere to see it. For every truth there is an ear somewhere to hear it. For every love there is a heart somewhere to receive it.

어떤 아름다움이든 그것을 알아볼 눈이 세상 어딘가에는 있고, 어떤 진리든 그것에 귀 기울일 사람이 어딘가에는 있으며, 어떤 사랑이든 그것을 받아줄 마음이 어딘가에는 있다.

이반 파닌 Ivan Panin

0845   People try to warn you about certain things, but sometimes you have to experience those things yourself.

사람들이 이런저런 것들에 대해 미리 알려주려 하지만, 가끔은 그것들을 스스로 겪어봐야만 하는 때가 있다.

라이언 바벨 Ryan Babe

0846   When you think about it, department stores are kind of like museums.

생각해보면 백화점은 일종의 박물관과도 같다.

앤디 워홀 Andy Warhol

0847　It isn't easy to accept that suffering can also be beautiful… it's difficult. It's something you can only understand if you dig deeply into yourself.

고통도 아름다울 수 있다는 것을 받아들이기는 쉽지 않다… 어려운 일이다. 그것은 자기 자신을 깊이 파고들어야만 이해할 수 있는 것이다.

라이너 베르너 파스빈더 Rainer Werner Fassbinder

0848　Luxury must be comfortable, otherwise it is not luxury.

사치는 편안함을 주어야 한다. 그렇지 않다면 진정한 사치가 아니다.

코코 샤넬 Coco Chanel

0849　Reality only reveals itself when it is illuminated by a ray of poetry.

현실은 한 줄기 시의 빛이 비춰질 때 비로소 그 모습을 드러낸다.

조르주 브라크 Georges Braque

0850   If you can't stand the heat, get out of the kitchen.

열기를 견디기 힘들다면, 주방에서 나가세요.

해리 S. 트루먼 Harry S. Truman

0851   Whenever you do what you really love, your heart lifts, your mind opens, and everything changes. You wake up. That's what true adventure really is.

진정으로 사랑하는 일을 할 때마다, 마음이 고양되고 정신이 열리며 모든 것이 바뀐다. 우리는 그렇게 깨어난다. 그것이야말로 진정한 모험이다.

바버라 셰어 Barbara Sher

0852   In every outthrust headland, in every curving beach, in every grain of sand there is the story of the earth.

돌출된 모든 곳, 굽어진 모든 해변, 모든 모래알 하나하나에 지구의 이야기가 담겨 있다.

레이철 카슨 Rachel Carson

0853　An empty stomach is not a good political adviser.

　　　허기진 배는 좋은 정치 조언자가 될 수 없다.

알베르트 아인슈타인 Albert Einstein

0854　There's no pillow as soft as a clear conscience.

　　　깨끗한 양심만큼 부드러운 베개는 없다.

글렌 캠벨 Glen Campbell

0855　A new word is like a fresh seed sown on the ground of the discussion.

　　　새로운 단어는 마치 토론이라는 땅에 뿌려진 새로운 씨앗과 같다.

루트비히 비트겐슈타인 Ludwig Wittgenstein

0856　Failure is simply the opportunity to begin again, this time more intelligently.

실패는 단순히 다시 시작할 기회일 뿐이다. 이번에는 더 지혜롭게 하면 된다.

헨리 포드 Henry Ford

0857　Perfection is not attainable, but if we chase perfection we can catch excellence.

완벽함은 달성할 수 없지만, 완벽함을 추구하면 탁월함을 손에 넣을 수 있다.

빈스 롬바르디 Vince Lombardi

0858　The clever cat eats cheese and breathes down rat holes with baited breath.

영리한 고양이는 치즈를 먹고 쉬구멍에 유혹의 숨을 불어 넣는다.

W. C. 필즈 W. C. Fields

0859　Being famous is not the same as being important. A lot of important people aren't famous, and a lot of famous people aren't important.

유명하다는 것이 중요한 것과 같은 의미는 아니다. 중요한 사람 중에는 유명하지 않은 사람이 많고, 유명한 사람 중에는 중요하지 않은 사람이 많다.

아를로 거스리 Arlo Guthrie

0860　Creativity is the ability to introduce order into the randomness of nature.

창의성은 자연의 무작위성에 질서를 도입하는 능력이다.

에릭 호퍼 Eric Hoffer

0861　One doesn't discover new lands without consenting to lose sight, for a very long time, of the shore.

오랫동안 해안이 보이지 않게 될 것을 감수하지 않고서는 새로운 땅을 발견할 수 없다.

앙드레 지드 Andre Gide

0862　We should not pretend to understand the world only by the intellect. The judgement of the intellect is only part of the truth.

세상을 오직 이성으로만 이해할 수 있다고 여겨서는 안 된다. 이성적 판단은 진리의 한 부분일 뿐이다.

카를 융 Carl Jung

0863　A pessimist is somebody who complains about the noise when opportunity knocks.

비관론자는 기회가 노크해도 문 두드리는 소리가 시끄럽다고 불평하는 사람이다.

오스카 와일드 Oscar Wilde

0864　If you want to succeed at any job, make yourself invaluable. Go the extra mile; make them never be able to imagine what life without you there would be like.

어떤 일에서든 성공하려면 자신을 대체 불가능한 존재로 만들어라. 남들보다 한 걸음 더 나아가서, 당신이 없다면 어떻게 될지 상상조차 할 수 없게 만들어라.

로스 매슈스 Ross Mathews

0865　The strength of the team is each individual member. The strength of each member is the team.

팀의 힘은 각 개별 구성원에 있다. 각 구성원의 힘은 팀에 있다.

필 잭슨 Phil Jackson

0866　Everyone has an invisible sign hanging from their neck saying, 'Make me feel important.' Never forget this message when working with people.

누구나 '나를 중요하게 여겨주세요'라고 쓰인 보이지 않는 팻말을 목에 걸고 있습니다. 사람들과 함께 일할 때 이 메시지를 잊지 마세요.

메리 케이 애시 Mary Kay Ash

0867　No man is above the law and no man is below it: nor do we ask any man's permission when we ask him to obey it.

어떤 사람도 법 위에 있지 않고, 어떤 사람도 법 아래에 있지 않다. 또한 우리는 어떤 사람에게 법을 따르라고 요구할 때 허락을 구하지도 않는다.

시어도어 루스벨트 Theodore Roosevelt

0868　Nothing is ever perfect. You have to make compromises and sacrifices, and it won't always be as glamorous as the fairy tales may suggest. But I do believe there is a person out there who will love you for all your imperfections and messiness. And those kinds of people will be with you for a very long time.

세상에 완벽한 것은 없다. 타협과 희생이 필요하고, 그것이 동화책에서 보던 것처럼 늘 낭만적이지만은 않을 것이다. 하지만 나는 당신의 모든 불완전함과 어수선함까지 사랑해 줄 사람이 어딘가에 있다고 믿는다. 그런 사람들은 오랜 시간 동안 당신 곁에 머물 것이다.

미상 Unknown

0869　A liar begins with making falsehood appear like truth, and ends with making truth itself appear like falsehood.

거짓말쟁이는 거짓을 진실처럼 보이게 하는 것으로 시작하여, 결국 진실 자체를 거짓처럼 보이게 만드는 것으로 끝을 맺는다.

윌리엄 셴스톤 William Shenstone

0870　Kindness is the language which the deaf can hear and the blind can see.

친절은 귀가 먹은 사람이 들을 수 있고, 눈이 먼 사람이 볼 수 있는 언어이다.

마크 트웨인 Mark Twain

0871　Really, you should always discuss the defeats because you can learn much more from failure than from success.

정말이지, 패배에 대해서는 항상 이야기해야 한다. 성공보다는 실패에서 훨씬 더 많은 것을 배울 수 있기 때문이다.

니키 라우다 Niki Lauda

0872　A trap is only a trap if you don't know about it. If you know about it, it's a challenge.

함정은 그것을 모를 때만 함정이다. 알게 되면, 그것은 도전이 된다.

차이나 미에빌 China Mieville

0873　It takes more courage to dig deep in the dark corners of your own soul and the back alleys of your society than it does for a soldier to fight on the battlefield.

자신의 영혼 어두운 구석과 사회의 뒷골목을 깊이 파헤치는 것은 병사가 전장에서 싸우는 것보다 더 큰 용기를 필요로 한다.

윌리엄 버틀러 예이츠 William Butler Yeats

0874　If you show people how much you care and ask questions in a non threatening way, you'll be amazed by how much they'll tell you.

당신이 얼마나 그들을 아끼는지 보여주고 위협적이지 않은 방식으로 질문한다면, 그들이 당신에게 얼마나 많은 것을 말해주는지에 놀라게 될 것이다.

존 C. 맥스웰 John C. Maxwell

0875　Everything is blooming most recklessly; if it were voices instead of colors, there would be an unbelievable shrieking into the heart of the night.

모든 것이 무모할 만큼 피어난다. 만약 그것이 색이 아닌 목소리였다면, 한밤중에 믿을 수 없는 비명이 터져 나왔으리라.

라이너 마리아 릴케 Rainer Maria Rilke

0876　The glory is being happy. The glory is not winning here or winning there. The glory is enjoying practicing, enjoy every day, enjoying to work hard, trying to be a better player than before.

행복한 것이 영광이다. 영광은 여기서 이기거나 저기서 이기는 것이 아니다. 영광은 연습을 즐기고, 하루하루를 즐기고, 열심히 노력하는 것을 즐기고, 전보다 더 나은 선수가 되기 위해 노력하는 것이다.

라파엘 나달 Rafael Nadal

0877　Optimism is the first cousin of love, and it's exactly like love in three ways: it's pushy, it has no real sense of humour, and it turns up where you least expect it.

낙관주의는 사랑의 사촌격이다. 그것은 세 가지 점에서 사랑과 꼭 닮았다. 억지스럽고, 유머 감각이 없으며, 전혀 예상치 못한 곳에서 불쑥 나타난다.

그레고리 데이비드 로버츠 Gregory David Roberts

0878　Tyranny and anarchy are never far apart.

폭정과 무정부 상태는 결코 멀리 떨어져 있지 않다.

제러미 벤담 Jeremy Bentham

0879　Smart people focus on the right things.

똑똑한 사람은 올바른 것에 집중한다.

젠슨 황 Jensen Huang

0880　Don't post anything on social media in anger; it's like trying to take back bullets after you've fired them.

화가 났을 때 소셜 미디어에 아무것도 올리지 마라. 이는 발사된 총알을 되돌리려는 것과 같다.

미상 Unknown

0881　No man ever steps in the same river twice, for it's not the same river and he's not the same man.

그 누구도 같은 강에 두 번 발을 담그지 못한다. 왜냐하면 그 강도 같은 강이 아니고, 그 사람도 같은 사람이 아니기 때문이다.

헤라클레이토스 Heraclitus

0882　It's not the load that breaks you down, it's the way you carry it.

우리를 쓰러트리는 것은 짐이 아니라 짐을 나르는 방식이다.

루 홀츠 Lou Holtz

0883　It is not our differences that divide us. It is our inability to recognize, accept, and celebrate those differences.

우리를 분열시키는 것은 우리의 차이점이 아니다. 우리를 갈라놓는 것은 그 차이점들을 인식하고, 받아들이고, 축하할 줄 모르는 우리의 무능력이다.

오드리 로드 Audre Lorde

0884　There should be no yelling in the home unless there is a fire.

불이 난 경우가 아니면 집에서는 소리칠 일이 없어야 한다.

미상 Unknown

0885　We take our health for granted until something awful happens.

우리는 끔찍한 일이 일어나기 전까지는 건강을 당연하게 여긴다.

롭슨 그린 Robson Green

0886   An ounce of prevention is worth a pound of cure. (1 pound = 16 ounce)

1 온스의 예방이 1 파운드의 치료만큼 가치가 있다.

벤저민 프랭클린 Benjamin Franklin

0887   The egg is the world. Whoever will be born must destroy a world.

알은 세계이다. 누구든지 태어나려고 하는 자는 하나의 세계를 파괴해야 한다.

헤르만 헤세 Hermann Hesse

0888   A market is never saturated with a good product, but it is very quickly saturated with a bad one.

시장은 좋은 제품으로는 절내 포화되시 않지만, 나쁜 제품으로는 매우 빨리 포화된다.

헨리 포드 Henry Ford

0889   Silence is one of the great arts of conversation.

침묵은 대화의 가장 위대한 기술 중 하나이다.

마르쿠스 툴리우스 키케로 Marcus Tullius Cicero

0890   The difference between something good and something great is attention to detail.

좋은 것과 위대한 것의 차이는 세부 사항에 대한 관심이다.

찰스 R. 스윈돌 Charles R. Swindoll

0891   Anyone who thinks that they are too small to make a difference has never tried to fall asleep with a mosquito in the room.

자신이 너무 작아서 변화를 만들 수 없다고 생각하는 사람은 방에 모기가 있을 때 잠들려고 해본 적이 없는 사람이다.

크리스틴 토드 휘트먼 Christine Todd Whitman

0892　A man must be big enough to admit his mistakes, smart enough to profit from them, and strong enough to correct them.

사람은 자신의 실수를 인정할 만큼 넓은 마음을 가져야 하고, 실수로부터 이득을 얻을 만큼 영리해야 하며, 그 실수를 바로잡을 만큼 강인해야 한다.

존 C. 맥스웰 John C. Maxwell

0893　Courage is grace under pressure.

용기는 압박감 속에서 발휘되는 우아함이다.

어니스트 헤밍웨이 Ernest Hemingway

0894　Remember that failure is an event, not a person.

실패는 사건이지 사람이 아니라는 것을 기억하라.

지그 지글러 Zig Ziglar

0895   Nothing's beautiful from every point of view.

모든 관점에서 아름다운 것은 없다.

호라티우스 Horace

0896   Perfection is achieved, not when there is nothing more to add, but when there is nothing left to take away.

완벽함은 더 이상 추가할 것이 없을 때기 이닌 뺄 것이 없을 때 달성된다.

앙투안 드 생텍쥐페리 Antoine de Saint-Exupery

0897   Thoughts lead on to purpose, purpose leads on to actions, actions form habits, habits decide character, and character fixes our destiny.

생각은 목적을 낳고, 목적은 행동으로 이어지며, 행동은 습관을 형성하고, 습관은 인격을 좌우하며, 인격은 우리의 운명을 결정한다.

트라이언 에드워즈 Tryon Edwards

0898　Even more than results, it matters that the players give everything for their shirt, and if they do that whether they're relegated or not, the fans are ready to applaud.

결과보다 더 중요한 것은 선수들이 자신의 유니폼에 모든 것을 쏟아 붓는 것이며, 그렇게 한다면 강등 여부와 상관없이 팬들은 박수를 보낼 준비가 되어 있습니다.

안토니오 콘테 | Antonio Conte

0899　If it's a good idea, go ahead and do it. It's much easier to apologize than it is to get permission.

만약 좋은 아이디어라면, 그냥 가서 실행하라. 허락을 받는 것보다 사과하는 것이 훨씬 더 쉽다.

그레이스 호퍼 | Grace Hopper

0900　The guilty think all talk is of themselves.

죄가 있는 사람은 모든 이야기가 자신에 관한 것이라고 생각한다.

제프리 초서 | Geoffrey Chaucer

0901 Energy and persistence conquer all things.

기운과 끈기가 모든 것을 이겨 낸다.

벤저민 프랭클린 Benjamin Franklin

0902 My ultimate life dream project is my kids. My family.

제 인생의 궁극적인 꿈의 프로젝트는 제 아이들입니다. 바로 제 가족입니다.

덴젤 워싱턴 Denzel Washington

0903 I firmly believe that sleep and recovery are critical aspects of an effective and holistic training program.

나는 수면과 회복이 효과적이고 전체적인 훈련 프로그램의 중요한 측면이라고 굳게 믿는다.

톰 브레이디 Tom Brady

0904　You can't hire someone to practice for you.

당신을 대신해 연습할 사람을 고용할 수는 없다.

H. 잭슨 브라운 주니어 H. Jackson Brown, Jr.

0905　The day I came in and found another actor's name on my dressing room door, and my stuff out in the hall, that was the day I learned my lesson.

제 분장실 문에 다른 배우의 이름이 적혀 있고 제 물건이 복도에 놓여 있는 것을 발견한 날, 그날이 바로 제가 교훈을 얻은 날이었습니다.

조 페니 Joe Penny

0906　A word is not a crystal, transparent and unchanged; it is the skin of a living thought and may vary greatly in color and content according to the circumstances and time in which it is used.

단어는 투명하고 변하지 않는 수정(水晶)이 아니다. 그것은 살아 있는 생각의 피부이며, 사용되는 상황과 시기에 따라 그 색깔과 내용이 크게 달라질 수 있다.

올리버 웬델 홈스 주니어 Oliver Wendell Holmes, Jr.

0907　What we plant in the soil of contemplation, we shall reap in the harvest of action.

사색의 토양에 우리가 심는 것은, 행동의 수확으로 거두게 될 것이다.

마이스터 에크하르트 Meister Eckhart

0908　Cheese is milk's leap toward immortality.

치즈는 불멸을 향한 우유의 도약이다.

클리프턴 패디먼 Clifton Fadiman

0909　Revolution is engendered by an indignation with tyranny, yet is itself pregnant with tyranny.

혁명은 폭정에 대한 분노에서 태어나지만, 그 자체로 또 다른 폭정을 잉태하고 있다.

윌리엄 고드윈 William Godwin

0910　　Rather to excite your judgment briefly than to inform it tediously.

장황하게 설명하느니, 짧게 판단을 자극하는 것이 낫다.

프랜시스 베이컨 Francis Bacon

0911　　Candor and generosity, unless tempered by due moderation, leads to ruin.

솔직함과 관대함은 적절한 절제로 다스려지지 않으면 파멸로 이어진다.

타키투스 Tacitus

0912　　Robbing someone of their smile is the cruelest form of theft.

누군가의 미소를 빼앗는 것은 가장 잔인한 형태의 절도이다.

미상 Unknown

0913　An arrogant person considers himself perfect. This is the chief harm of arrogance. It interferes with a person's main task in life - becoming a better person.

오만한 사람은 자신이 완벽하다고 생각한다. 이것이 오만함의 가장 큰 해악이다. 그것은 인생의 가장 중요한 과업, 곧 더 나은 사람이 되는 일을 방해하기 때문이다.

레프 톨스토이 Leo Tolstoy

0914　Only a person who has passed through the gate of humility can ascend to the heights of the spirit.

겸손의 문을 통과한 사람만이 영적으로 높은 경지에 오를 수 있다.

루돌프 슈타이너 Rudolf Steiner

0915　If there is anything in the universe that can't stand discussion, let it crack.

이 세상에 토론을 견딜 수 없는 것이 있다면, 그것이 부서지게 내버려 두세요.

웬델 필립스 Wendell Phillips

0916　　To climb steep hills requires a slow pace at first.

　　　　가파른 언덕을 오르려면, 처음에는 천천히 가야 한다.

윌리엄 셰익스피어 William Shakespeare

0917　　You can't fatten the pig on market day.

　　　　장날에 돼지를 살찌울 수는 없다.

존 하워드 John Howard

0918　　Care shouldn't start in the emergency room.

　　　　보살핌은 응급실에서 시작되어서는 안 된다.

제임스 더글러스 James Douglas

0919　The intelligent man finds almost everything ridiculous, the sensible man hardly anything.

지적인 사람은 거의 모든 것을 우습게 여기지만, 현명한 사람은 거의 그 어떤 것도 우습게 여기지 않는다.

요한 볼프강 폰 괴테 Johann Wolfgang von Goethe

0920　Of course no documentary is completely 'objective.' Every decision you make - who to interview, how to edit, where to hold the camera - imposes a point of view on the film.

물론 완전히 '객관적인' 다큐멘터리는 없다. 누구를 인터뷰할지, 어떻게 편집할지, 카메라를 어디에 둘지 같은 모든 결정은 영상에 관점을 부여한다.

마셜 커리 Marshall Curry

0921　Knowledge once gained casts a light beyond its own immediate boundaries.

한 번 터득한 지식은 그 자체의 직접적인 경계를 넘어 빛을 비춘다.

존 틴들 John Tyndall

0922 Life is strong and fragile. It's a paradox… It's both things, like quantum physics: It's a particle and a wave at the same time. It all exists all together.

인생은 강하면서도 연약합니다. 역설적이죠… 양자 물리학처럼 두 가지 모두입니다. 입자이자 동시에 파동입니다. 모든 것이 함께 존재합니다.

조앤 제트 Joan Jett

0923 Take time to celebrate the quiet miracles that seek no attention.

어떤 관심도 바라지 않는 조용한 기적들을 축하하는 시간을 가져라.

존 오도노휴 John O'Donohue

0924 To the patient, any operation is momentous.

환자에게는 어떤 수술이든 중대한 일이다.

조 머레이 Joe Murray

0925　You can't fake listening. It shows.

경청하는 척할 수는 없다. 다 티가 나기 마련이다.

라켈 웰치 Raquel Welch

0926　When you're committed to something, you accept no excuses, only results.

어떤 일에 헌신한다면, 변명은 받아들이지 않는다. 오직 결과만을 받아들인다.

켄 블랜차드 Ken Blanchard

0927　The danger of success is that it makes us forget the world's dreadful injustice.

성공의 위험은 그것이 우리로 하여금 세상의 끔찍한 불의를 잊게 만든다는 것이다.

쥘 르나르 Jules Renard

0928　The heart of a mother is a deep abyss at the bottom of which you will always find forgiveness.

어머니의 마음은 언제나 용서를 찾을 수 있는 깊은 심연과도 같다.

오노레 드 발자크 Honore de Balzac

0929　Sometimes you have to bang on the door until someone hears you.

때때로 누군가가 들을 때까지 문을 두드려야 한다.

헨리 롤린스 Henry Rollins

0930　Somehow, what's in our hearts, good or bad is eventually translated into words and deeds.

어떻게든, 우리 마음에 있는 것은 좋든 나쁘든 결국 말과 행동으로 나타나게 된다.

앤디 스탠리 Andy Stanley

0931　When the well is dry, they know the worth of water.

우물이 마르면, 사람들은 물의 가치를 알게 된다.

벤저민 프랭클린 Benjamin Franklin

0932　The first lesson of economics is scarcity: there is never enough of anything to fully satisfy all those who want it. The first lesson of politics is to disregard the first lesson of economics.

경제학의 첫 번째 교훈은 희소성이다. 원하는 모든 사람을 온전히 만족시킬 만큼의 충분한 것은 절대 없다. 정치학의 첫 번째 교훈은 바로 이 경제학의 첫 번째 교훈을 무시하는 것이다.

토머스 소웰 Thomas Sowell

0933　Service to others is the rent you pay for your room here on earth.

다른 사람을 위해 봉사하는 것은 이 세상에서 머물기 위해 내는 임대료와 같다.

무하마드 알리 Muhammad Ali

0934　The fate of the bridges is to be lonely; because bridges are to cross not to stay.

다리의 운명은 외로움이다. 다리는 건너는 곳이지 머무는 곳이 아니기 때문이다.

메흐메트 무라트 일단 | Mehmet Murat Ildan

0935　The only thing that endures over time is the 'Law of the Farm.' You must prepare the ground, plant the seed, cultivate, and water if you expect to reap the harvest.

시간이 지나도 변하지 않는 것은 '농장의 법칙'뿐이다. 수확을 기대한다면 땅을 준비하고, 씨앗을 뿌리고, 가꾸고, 물을 주어야 한다.

스티븐 코비 | Stephen Covey

0936　Do not pray for an easy life. Pray for the strength to endure a difficult one.

쉬운 삶을 위해 기도하지 마라. 어려운 삶을 견딜 힘을 위해 기도하라.

이소룡 | Bruce Lee

0937　A blank page is no empty space. It is brimming with potential.

빈 페이지는 텅 빈 공간이 아니다. 그것은 가능성으로 가득 차 있다.

A. A. 파타와란 A.A. Patawaran

0938　Don't ever promise more than you can deliver, but always deliver more than you promise.

능력 이상으로 약속하지 말고, 약속 이상으로 실행하라.

루 홀츠 Lou Holtz

0939　Fertilizer does no good in a heap, but a little spread around works miracles all over.

비료는 한 곳에 쌓여 있으면 아무 소용이 없지만, 조금씩 여기저기 뿌려놓으면 곳곳에서 기적을 일으킨다.

리처드 브린즐리 셰리던 Richard Brinsley Sheridan

0940　Constant attention by a good nurse may be just as important as a major operation by a surgeon.

훌륭한 간호사의 지속적인 관심은 외과 의사의 큰 수술만큼이나 중요할 수 있다.

다그 함마르셸르 Dag Hammarskjold

0941　Health is like money, we never have a true idea of its value until we lose it.

건강은 돈과 같다. 잃고 나서야 비로소 그 진정한 가치를 알게 된다.

조시 빌링스 Josh Billings

0942　The internet tends to make smart people smarter and dumb people dumber.

인터넷은 똑똑한 사람을 더 똑똑하게, 멍청한 사람을 더 멍청하게 만드는 경향이 있다.

벤 카스노차 Ben Casnocha

0943　The philosophy of one century is the common sense of the next.

한 세기의 철학은 다음 세기의 상식이 된다.

헨리 워드 비처 Henry Ward Beecher

0944　For the understanding of a picture a chair is needed. Why a chair? To prevent the legs, as they tire, from interfering with the mind.

그림을 이해하려면 의자가 필요하다. 왜 의자인가? 다리가 피곤해져 마음을 방해하는 것을 막기 위해서다.

파울 클레 Paul Klee

0945　No matter how tough the meat may be, it's going to be tender if you slice it thin enough.

고기가 아무리 질겨도 충분히 얇게 썰면 부드러워질 것이다.

가이 피에리 Guy Fieri

0946　All great deeds and all great thoughts have a ridiculous beginning. Great works are often born on a street corner or in a restaurant's revolving door.

모든 위대한 업적과 모든 위대한 생각은 터무니없는 시작을 가지고 있다. 위대한 작품은 종종 길거리 모퉁이나 식당의 회전문에서 태어나곤 한다.

알베르 카뮈 Albert Camus

0947　The subject of education is not to teach facts, but to inspire minds.

교육의 목표는 사실을 가르치는 것이 아니라, 정신에 영감을 불어넣는 것이다.

윌리엄 버틀러 예이츠 William Butler Yeats

0948　Empty pockets never held anyone back. Only empty heads and empty hearts can do that.

텅 빈 수머니는 그 누구의 발목도 잡지 못한다. 오직 텅 빈 머리와 텅 빈 마음만이 그럴 수 있을 뿐이다.

노먼 빈센트 필 Norman Vincent Peale

0949　If you can't convince them, confuse them.

설득할 수 없다면 혼란스럽게 만들어라.

해리 S. 트루먼 Harry S Truman

0950　You can tell the size of a man by the size of the thing that makes him mad.

사람의 크기는 그를 화나게 만드는 것의 크기로 알 수 있다.

아들라이 스티븐슨 1세 Adlai Stevenson I

0951　Most people do not really want freedom, because freedom involves responsibility, and most people are frightened of responsibility.

대부분의 사람들은 실제로 자유를 원하지 않는다. 왜냐하면 자유는 책임을 수반하며, 대부분의 사람들은 책임을 두려워하기 때문이다.

지그문트 프로이트 Sigmund Freud

0952　The purpose of life is to discover your gift. The work of life is to develop it. The meaning of life is to give your gift away.

인생의 목적은 자신의 재능을 발견하는 것이다. 인생의 과업은 그것을 개발하는 것이다. 인생의 의미는 재능을 나눠 주는 것이다.

데이비드 S. 비스콧 David S. Viscott

0953　Bottomless wonders spring from simple rules, which are repeated without end.

끝없이 반복되는 단순한 규칙에서 무한한 경이로움이 솟아난다.

브누아 망델브로 Benoit Mandelbrot

0954　Times of great calamity and confusion have been productive for the greatest minds. The purest ore is produced from the hottest furnace. The brightest thunder-bolt is elicited from the darkest storm.

큰 재난과 혼란의 시기는 위대한 지성들에게는 생산적인 시간이었다. 가장 순수한 광석은 가장 뜨거운 용광로에서 만들어진다. 가장 강렬한 천둥 번개는 가장 어두운 폭풍에서 나온다.

찰스 케일럽 콜턴 Charles Caleb Colton

0955　With every adversity comes a blessing because a shock acts as a reminder to oneself that we must not get stale in routine.

모든 시련에는 축복이 따라온다. 충격은 일상에 무뎌져서는 안 된다는 것을 스스로에게 상기시켜 주기 때문이다.

이소룡 Bruce Lee

0956　A minister's greatest sermon is his own example.

목회자의 가장 위대한 설교는 자신이 모범이 되는 것이다.

찰스 스펄전 Charles Spurgeon

0957　The most successful tyranny is not the one that uses force to assure uniformity but the one that removes the awareness of other possibilities, that makes it seem inconceivable that other ways are viable, that removes the sense that there is an outside.

가장 성공적인 폭정은 무력을 사용하여 획일성을 보장하는 방식이 아니라 다른 가능성에 대한 인식을 없애고, 다른 방법이 실행 가능하다는 것을 상상할 수 없게 만들고, 외부가 존재한다는 느낌을 없애는 것이다.

앨런 블룸 Allan Bloom

0958　Never compromise your principles, even if it leads to difficulties in the short term.

　　　설령 단기적으로 어려움을 겪더라도 원칙을 타협하지 마라.

앨런 캐즈던 Alan Casden

0959　If you get up in the morning and think the future is going to be better, it is a bright day. Otherwise, it's not.

　　　아침에 일어나서 미래가 더 나아질 것이라고 생각하면, 그 날은 밝은 하루가 된다. 그렇지 않다면, 밝지 않은 하루가 될 것이다.

일론 머스크 Elon Musk

0960　Pursue some path, however narrow and crooked, in which you can walk with love and reverence.

　　　아무리 좁고 구불구불하더라도, 사랑하고 경외하는 마음으로 걸을 수 있는 길이라면 따라가라.

헨리 데이비드 소로 Henry David Thoreau

0961 One of the great things about being a director as a life choice is that it can never be mastered. Every story is its own kind of expedition, with its own set of challenges.

감독이라는 직업을 삶의 선택으로 삼는 것의 위대한 점 중 하나는 그것을 절대 완전히 마스터할 수 없다는 것이다. 모든 이야기는 각자의 도전 과제를 가지고 있는 일종의 탐험과도 같다.

론 하워드 Ron Howard

0962 Competition is one click away. Innovation happens everywhere… you better have a culture asking for a voice.

경쟁은 클릭 한 번 거리에 있다. 혁신은 어디서나 일어난다… 그러니 당신은 구성원들의 목소리를 적극적으로 구하는 문화를 반드시 가져야 한다.

루스 포랫 Ruth Porat

0963 A hero is someone who has given his or her life to something bigger than oneself. Hardly anyone recognizes them, but they are the true backbone of our world.

영웅은 자신보다 더 큰 것에 자신의 삶을 바친 사람이다. 그들을 알아보는 사람은 거의 없지만, 그들은 우리 세계의 진정한 버팀목이다.

조지프 캠벨 Joseph Campbel

0964　It takes courage to stay young, to make your enthusiasms work for you. Don't let anyone drag you down.

젊음을 유지하고 열정을 발휘하려면 용기가 필요하다. 누구도 당신을 끌어내리지 못하게 하라.

켄 애덤 Ken Adam

0965　You can't buy a good reputation; you must earn it.

좋은 평판은 돈으로 살 수 있는 것이 아니라 반드시 스스로 얻어내야 하는 것이다.

하비 매케이 Harvey Mackay

0966　Comparison is the thief of joy.

비교는 기쁨을 앗아가는 도둑이다.

존 파월 John Powell

0967   If somebody invented cigarettes today, the government would not legalize them.

만약 누군가 오늘 담배를 발명한다면, 정부는 그것을 합법화하지 않을 것이다.

로니 앤더슨 Loni Anderson

0968   The antiquity and general acceptance of an opinion is not assurance of its truth.

어떤 의견이 오래되고 일반적으로 받아들여진다고 해서 그 의견이 진실이라는 보장은 없다.

피에르 벨 Pierre Bayle

0969   Corruption is like a ball of snow, once it's set a rolling it must increase.

부패는 눈덩이 같아서, 일단 그것이 굴러가면 반드시 커지게 된다.

찰스 케일럽 콜턴 Charles Caleb Colton

0970   The happiest people in the world are those who feel absolutely terrific about themselves, and this is the natural outgrowth of accepting total responsibility for every part of their life.

세상에서 가장 행복한 사람들은 자기 자신을 정말 멋지다고 여기는 사람들이고, 이는 인생의 모든 영역에서 온전히 책임지려는 자세에서 자연스럽게 나오는 것이다.

브라이언 트레이시 Brian Tracy

0971   Stay committed to your decisions, but stay flexible in your approach.

결정에는 흔들림이 없되, 접근법에는 유연하라.

토니 로빈스 Tony Robbins

0972   By gnawing through a dike, even a rat may drown a nation.

쥐 한 마리도 제방을 갉아먹으면 한 나라를 물에 잠기게 할 수 있다.

에드먼드 버크 Edmund Burke

0973　Successful people will always tell you you can do something. It's the people who have never accomplished anything who will always discourage you from trying to achieve excellent things.

성공한 사람들은 항상 당신이 뭔가를 할 수 있다고 말해줄 것이다. 당신이 훌륭한 것을 성취하려는 시도를 항상 말리는 사람들은 아무것도 이루어본 적이 없는 사람들이다.

루 홀츠 Lou Holtz

0974　Truth will rise above falsehood as oil above water.

진실은 기름이 물 위로 떠오르듯, 거짓 위로 떠오를 것이다.

미겔 데 세르반테스 Miguel de Cervantes

0975　One has to pay dearly for immortality; one has to die several times while one is still alive.

불멸을 얻으려면 살아 있는 동안 여러 번 죽어야 하는 값비싼 대가를 치러야 한다.

프리드리히 니체 Friedrich Nietzsche

0976　The three hardest tasks in the world are neither physical feats nor intellectual achievements, but moral acts: to return love for hate, to include the excluded, and to say, 'I was wrong'.

세상에서 가장 어려운 세 가지 과제는 육체적 업적이나 지적 성취가 아니라 증오에 사랑을 돌려주고, 배제된 사람들을 포용하며, '내가 틀렸다'고 말하는 도덕적 행위들이다.

시드니 J. 해리스 Sydney J. Harris

0977　Advice is seldom welcome, and those who need it the most, like it the least.

조언은 드물게 환영받고, 그것을 가장 필요로 하는 사람들은 그것을 가장 좋아하지 않는다.

필립 스탠호프 체스터필드 백작 Philip Stanhope

0978　Never trust a skinny ice cream man.

아이스크림 파는 마른 사람은 믿지 마라.

벤 코언 Ben Cohen

0979　There is the risk you cannot afford to take, and there is the risk you cannot afford not to take.

　　　감당할 수 없는 위험이 있고, 감당하지 않을 수 없는 위험이 있다.

피터 드러커 Peter Drucker

0980　Feed your faith and your doubts will starve to death.

　　　믿음을 키워주면 의심은 굶어 죽을 것이다.

데비 매컴버 Debbie Macomber

CHAPTER

8

0981　　The applause of a single human being is of great consequence.

　　　　단 한 사람의 박수도 큰 의미가 있다.

　　　　　　　　　　　　　　　　　　　　　　　　새뮤얼 존슨 Samuel Johnson

0982　　We are masters of the unsaid words, but slaves of those we let slip out.

　　　　우리는 하지 않은 말의 주인이지만, 입 밖으로 내뱉은 말의 노예가 된다.

　　　　　　　　　　　　　　　　　　　　　　　　윈스턴 처칠 Winston Churchill

0983　　Great leaders don't rush to blame. They instinctively look for solutions.

　　　　탁월한 리더는 성급하게 비난하지 않는다. 그들은 본능적으로 해결책을 찾는다.

　　　　　　　　　　　　　　　　　　　　　　　　니나 이스턴 Nina Easton

0984　Everybody has a game plan, but the plan changes after the first punch.

누구나 그럴듯한 계획이 있지만, 첫 주먹을 얻어맞은 후에는 계획이 바뀐다.

마이크 타이슨 Mike Tyson

0985　Our greatest pretenses are built up not to hide the evil and the ugly in us, but our emptiness. The hardest thing to hide is something that is not there.

우리의 가장 큰 가식은 우리 안의 악과 추함을 숨기기 위해서가 아니라 우리의 공허함을 감추기 위해 만들어진다. 숨기기 가장 어려운 것은 존재하지 않는 것이다.

에릭 호퍼 Eric Hoffer

0986　If you have a garden and a library, you have everything you need.

정원과 도서관이 있다면, 필요한 모든 것을 가진 것이다.

마르쿠스 툴리우스 키케로 Marcus Tullius Cicero

0987　The trouble with an alarm clock is that what seems sensible when you set it seems absurd when it goes off.

알람 시계의 문제는 설정할 때는 합리적으로 보였던 것이 막상 울릴 때는 터무니없어 보인다는 것이다.

렉스 스타우트 Rex Stout

0988　There's a tremendous difference between alone and lonely. You could be lonely in a group of people.

혼자 있는 것과 외로운 것은 엄청난 차이가 있다. 한 무리의 사람들 속에서도 우리는 외로울 수 있다.

드루 배리모어 Drew Barrymore

0989　Always laugh when you can. It is cheap medicine.

웃을 수 있을 때 항상 웃어라. 웃음은 저렴하게 먹을 수 있는 약이다.

조지 고든 바이런 남작 Lord Byron

0990　　Those who cannot understand how to put their thoughts on ice should not enter into the heat of debate.

자신의 생각을 얼음 위에 올려놓는 방법을 이해하지 못하는 사람은 토론의 열기에 뛰어들지 말아야 한다.

프리드리히 니체 Friedrich Nietzsche

0991　　Research is formalized curiosity. It is poking and prying with a purpose.

연구는 형식을 갖춘 호기심이다. 목적을 가지고 찌르고 캐묻는 것이다.

조라 닐 허스턴 Zora Neale Hurston

0992　　In making a speech, one must study three points: first, the means to grab the audience's attention; second, the means to retain it; and third, the means to leave a favorable impression.

연설을 할 때에는 세 가지를 연구해야 한다. 첫째, 청중의 주의를 끄는 방법. 둘째, 그것을 유지하는 방법. 그리고 셋째, 좋은 인상을 남기는 방법이다.

아리스토텔레스 Aristotle

0993　Don't regret knowing the people who came into your life. Good people give you happiness, bad people give you experience, and the worst ones give you lessons. The best people give you memories.

당신의 삶에 들어온 사람들을 알게 된 것을 후회하지 마라. 좋은 사람들은 기쁨을 가져다주고, 나쁜 사람들은 소중한 경험을 주며, 최악의 인간들조차 값진 교훈을 준다. 그리고 최고의 사람들은 평생 간직할 추억을 선물한다.

미상 Unknown

0994　The secret to happiness is to face the fact that the world is horrible.

행복의 비결은 세상이 참혹하다는 사실을 직시하는 것이다.

버트런드 러셀 Bertrand Russell

0995　We live in a society exquisitely dependent on science and technology, in which hardly anyone knows anything about science and technology.

우리는 과학과 기술에 절묘하게 의존하는 사회에서 살고 있지만, 과학과 기술에 대해 아는 사람은 거의 없다.

칼 세이건 Carl Sagan

0996　Prior to penicillin and medical research, death was an everyday occurrence. It was intimate.

페니실린과 의학 연구가 시작되기 전에는 죽음은 일상적인 일이었다. 죽음은 친밀했다.

캐서린 던 Katherine Dunn

0997　Beauty without grace is the hook without the bait.

우아함 없는 아름다움은 미끼 없는 낚시바늘이다.

랠프 월도 에머슨 Ralph Waldo Emerson

0998　There are two great days in a person's life - the day we are born and the day we discover why.

사람의 인생에는 두 번의 위대한 날이 있다. 우리가 태어난 날과 우리가 왜 태어났는지 깨닫는 날이다.

어니스트 캠벨 Ernest Campbell

0999 A good leader takes a little more than his share of the blame, a little less than his share of the credit.

훌륭한 리더는 자신의 몫보다 조금 더 많은 책임을 지고, 자신의 몫보다 조금 덜 공로를 인정받는다.

아놀드 H. 글래소 Arnold H. Glasow

1000 God grant me the serenity to accept the things I cannot change, the courage to change the things I can, and the wisdom to know the difference.

신은 제가 바꿀 수 없는 것을 받아들일 수 있는 평온함과 바꿀 수 있는 것을 바꾸는 용기, 그리고 그 차이를 아는 지혜를 허락해 주셨습니다.

라인홀트 니부어 Reinhold Niebuhr

1001 Leaders are more powerful role models when they learn than when they teach.

리더는 가르칠 때보다 배울 때 더 강력한 롤모델이 된다.

로자베스 모스 캔터 Rosabeth Moss Kanter

1002　Wear the old coat and buy the new book.

낡은 코트를 입고 새 책을 사라.

오스틴 펠프스 Austin Phelps

1003　Example is not the main thing in influencing others. It is the only thing.

다른 사람에게 영향을 미치는 데 있어 모범은 중요한 것이 아니다. 그것은 유일한 것이다.

알베르트 슈바이처 Albert Schweitzer

1004　Worry is a cycle of inefficient thoughts whirling around a center of fear.

걱정은 두려움의 중심에서 소용돌이치는 비효율적인 생각의 순환이다.

코리 텐 붐 Corrie Ten Boom

1005 Seek respect, not attention. It lasts longer.

관심이 아닌 존경을 추구하라. 그것이 더 오래간다.

지아드 압델누르 Ziad K. Abdelnour

1006 To do anything to a high level, it has to be total obsession.

무엇이든 높은 수준으로 해내려면, 그것에 완전히 사로잡혀야 한다.

코너 맥그리거 Conor McGregor

1007 Love is the only flower that grows and blossoms without the aid of the seasons.

사랑은 계절의 도움 없이도 자라고 피어나는 유일한 꽃이다.

칼릴 지브란 Khalil Gibran

1008　You cannot carry out fundamental change without a certain amount of madness.

어느 정도의 광기 없이는 근본적인 변화를 이룰 수 없다.

토마 상카라 Thomas Sankara

1009　The real glory is being knocked to your knees and then coming back. That's real glory. That's the essence of it.

진짜 영광은 쓰러져서 무릎을 꿇더라도 다시 일어서는 것이다. 그것이 진정한 영광이다. 그것이 영광의 본질이다.

빈스 롬바르디 Vince Lombardi

1010　If the pressure is getting to you, whistle. In a barely audible way. It's the best way I know of to let go of tension. Music gets your mind off the situation, and the act of whistling melts the tension out of your body.

압박감이 느껴진다면 휘파람을 불어보세요. 거의 들리지 않을 정도로요. 그것이 제가 아는 가장 좋은 긴장 완화 방법입니다. 음악은 마음을 그 상황에서 벗어나게 해주고, 휘파람을 부는 행위는 몸의 긴장을 자연스럽게 풀어줍니다.

퍼지 졸러 Fuzzy Zoeller

1011　I have never gone on a real trip, never taken a holiday. The best holiday for me is spent in my workshops when nearly everybody else is on vacation.

나는 진짜 여행을 간 적도, 휴가를 보낸 적도 없다. 내게 최고의 휴가는 거의 모든 사람이 휴가를 떠났을 때 내 작업장에서 보내는 시간이다.

엔초 페라리 Enzo Ferrari

1012　Get comfortable with being uncomfortable – that's how you break the plateau and reach the next level.

불편함에 익숙해져라. 그것이 정체기를 깨고 다음 단계로 나아가는 방법이다.

미상 Unknown

1013　Until the great mass of the people shall be filled with the sense of responsibility for each other's welfare, social justice can never be attained.

국민 대다수가 서로의 안녕에 대한 책임감으로 가득 차기 전까지는 사회 정의는 결코 달성될 수 없다.

헬렌 켈러 Helen Keller

1014   The bee collects honey from flowers in such a way as to do the least damage or destruction to them, and he leaves them whole, undamaged and fresh, just as he found them.

꿀벌은 꽃에 거의 손상을 주지 않고 꿀을 채취하며, 처음 발견했을 때처럼 꽃을 온전하고 신선하게 남겨둔다.

성 프란체스코 디 살레스 Saint Francis de Sales

1015   Challenge the known and embrace the unknown.

익숙한 것에 도전하고 미지의 것을 포용하라.

가이 가와사키 | Guy Kawasaki

1016   The mightiest rivers lose their force when split up into several streams.

아무리 강력한 강이라도 여러 갈래로 나뉘면 힘을 잃게 된다.

오비디우스 Ovid

1017　Life is made up of small pleasures. Happiness is made up of those tiny successes. The big ones come too infrequently. And if you don't collect all these tiny successes, the big ones don't really mean anything.

인생은 작은 즐거움으로 이루어져 있습니다. 행복은 이러한 작은 성공으로 구성됩니다. 큰 성공은 너무 드물게 찾아오죠. 그리고 이러한 작은 성공을 모두 모으지 못하면, 큰 성공은 아무런 의미가 없습니다.

노먼 리어 Norman Lear

1018　The wet air was as cold as the ashes of love.

축축한 공기는 사랑의 재처럼 차가웠다.

레이먼드 챈들러 Raymond Chandler

1019　Success is not built on success. It's built on failure. It's built on frustration. Sometimes it's built on catastrophe.

성공은 성공 위에 세워지지 않는다. 그것은 실패 위에, 절망 위에 지어진다. 때로는 재앙 위에 지어지기도 한다.

섬너 레드스톤 Sumner Redstone

1020
Fast food is popular because it's convenient, it's cheap, and it tastes good. But the real cost of eating fast food never appears on the menu.

패스트푸드가 인기 있는 이유는 편리하고, 저렴하고, 맛있기 때문이다. 하지만 패스트푸드를 먹는 '진짜 비용'은 메뉴판에 절대 나오지 않는다.

에릭 슐로서 Eric Schlosser

1021
The secret of being a bore... is to tell everything.

지루한 사람이 되는 비밀은... 모든 것을 다 말하는 것이다.

볼테르 Voltaire

1022
Sport is a universal language, building more bridges between people than anything else I know.

스포츠는 보편적인 언어로, 내가 아는 다른 어떤 것보다 사람들 사이에 더 많은 다리를 놓는다.

서배스천 코 Sebastian Coe

1023 If it's very painful for you to criticize your friends - you're safe in doing it. But if you take the slightest pleasure in it, that's the time to hold your tongue.

친구를 비판하는 것이 매우 고통스럽다면 그렇게 해도 괜찮다. 하지만 그 비판에 조금이라도 즐거움을 느낀다면, 그때야말로 입을 다물어야 할 때이다.

앨리스 밀러 Alice Miller

1024 One word frees us of all the weight and pain in life. That word is love.

인생의 모든 무게와 고통에서 우리를 해방시켜주는 한 단어가 있다. 바로 사랑이다.

소포클레스 Sophocles

1025 No winter lasts forever; no spring skips its turn.

어떤 겨울도 영원하지 않고, 어떤 봄도 순서를 건너뛰지 않는다.

할 볼랜드 Hal Borland

1026　If you can't describe what you are doing as a process, you don't know what you're doing.

> 당신이 하는 일을 하나의 과정으로 설명할 수 없다면, 당신은 자신이 무엇을 하고 있는지 모르는 것이다.

W. 에드워드 데밍 W. Edwards Deming

1027　Life is C(Choice) between B(Birth) and D(Death).

> 인생은 B(탄생)와 D(죽음) 사이의 C(선택)이다.

장폴 샤르트르 Jean-Paul Sartre

1028　You should never go to a meeting or make a telephone call without a clear idea of what you are trying to achieve.

> 무엇을 이루려는지 분명한 생각 없이 회의에 가거나 전화를 걸어서는 안 된다.

스티브 잡스 Steve Jobs

1029　The fragrance of flowers spreads only in the direction of the wind. But the goodness of a person spreads in all directions.

꽃의 향기는 바람이 부는 방향으로만 퍼지지만, 사람의 선량함은 모든 방향으로 퍼진다.

차나키아 Chanakya

1030　The good life is one inspired by love and guided by knowledge. To arrange these principles is to live well.

좋은 삶이란 사랑으로 영감을 받고 지식으로 인도되는 삶이다. 이 원칙들을 조화시키는 것이 잘 사는 것이다.

버트런드 러셀 Bertrand Russell

1031　Just a spoonful of sugar helps the medicine go down.

설탕 한 숟가락이 약을 잘 넘어가게 도와준다.

메리 포핀스 Mary Poppins

1032 Silence is the ultimate weapon of power.

침묵은 권력의 궁극적인 무기다.

샤를 드골 Charles de Gaulle

1033 Talent is nothing without dedication and discipline, and dedication and discipline is a talent in itself.

재능은 헌신과 규율 없이는 아무것도 아니다. 그리고 헌신과 규율 자체가 하나의 재능이다.

루크 캠벨 Luke Campbell

1034 I wish I could freeze time or go back in time and watch my kids grow up all over again because it is just going by too fast.

시간이 너무 빨리 흘러가버리기 때문에, 시간을 멈추거나 거슬러 올라가 다시 한 번 아이들이 자라는 모습을 지켜볼 수 있으면 좋겠다.

로버트 로드리게스 Robert Rodriguez

1035　Your problem is you're... too busy holding onto your unworthiness.

당신의 문제는… 자기 자신을 쓸모없다고 여기는 데 너무 몰두하고 있다는 것이다.

람 다스 Ram Dass

1036　If you can't solve it, it's not a problem—it's reality.

해결하지 못한다면 그것은 더 이상 문제가 아니다. 이제는 현실이다.

바버라 콜로로소 Barbara Coloroso

1037　We must not assume that we are the only ones who know what is right.

우리만 옳은 것을 아는 유일한 사람들이라고 단정해서는 안 된다.

넬슨 만델라 Nelson Mandela

1038　I prefer liberty with danger than peace with slavery.

나는 위험이 있는 자유를 노예의 평화보다 선호한다.

장자크 루소 Jean-Jacques Rousseau

1039　The jealous are possessed by a mad devil and a dull spirit at the same time.

질투하는 사람은 광기의 악마와 둔한 영혼에 동시에 사로잡힌다.

요한 카스파르 라바터 Johann Kaspar Lavater

1040　Art is the act of navigating without a map.

예술은 지도 없이 길을 찾는 행위이다.

세스 고딘 Seth Godin

1041 There is no friendship in trade.

거래에는 우정이 없다.

코넬리어스 밴더빌트 Cornelius Vanderbilt

1042 Good manners are cost effective. They not only increase the quality of life in the workplace, they contribute to employee morale, embellish the company image, and play a major role in generating profit.

좋은 매너는 비용 대비 효과가 뛰어나다. 직장에서 삶의 질을 높일 뿐만 아니라, 직원 사기를 진작시키고, 회사 이미지를 좋게 만들며, 수익 창출에 중요한 역할을 한다.

러티샤 볼드리지 Letitia Baldrige

1043 Some people think football is a matter of life and death. I assure you, it's much more serious than that.

어떤 사람들은 축구가 생사가 걸린 문제라고 생각한다. 장담하건대, 그것보다 훨씬 더 심각한 문제다.

빌 샹클리 Bill Shankly

1044　Don't just let the devil use your mind as a garbage dump.

악마가 당신의 마음을 쓰레기 처리장으로 이용하도록 내버려두지 마라.

조이스 마이어 Joyce Meyer

1045　To be aware of a single shortcoming within oneself is more useful than to be aware of a thousand in someone else.

자신 안의 한 가지 단점을 아는 것이 다른 사람의 천 가지 단점을 아는 것보다 훨씬 더 유용하다.

달라이 라마 Dalai Lama

1046　The time to repair the roof is when the sun is shining.

지붕을 수리할 때는 햇볕이 쨍쨍할 때다.

존 F. 케네디 John F. Kennedy

1047　A reputation for a thousand years may depend upon the conduct of a single moment.

> 천 년의 명성도 한순간의 행동에 좌우될 수 있다.

어니스트 브라마 Ernest Bramah

1048　The mind is a monkey, hopping around from thought to thought, image to image. Rarely do more than a few seconds go by in which the mind can remain single-pointed, empty.

> 마음은 원숭이처럼 생각에서 생각으로, 심상에서 심상으로 이리저리 뛰어다닌다. 마음이 한 곳에 집중하거나 비워진 상태로 몇 초 이상 머물러 있는 경우는 거의 없다.

대니 샤피로 Dani Shapiro

1049　I not only use all the brains that I have, but all that I can borrow.

> 나는 내가 가진 모든 두뇌를 사용할 뿐만 아니라, 빌릴 수 있는 모든 두뇌도 활용한다.

우드로 윌슨 Woodrow Wilson

1050　Quiet minds cannot be perplexed or frightened but go on in fortune or misfortune at their own private pace, like a clock during a thunderstorm.

고요한 마음은 당황하지도, 두려워하지도 않는다. 폭풍우 속에서도 꿋꿋이 돌아가는 시계처럼, 일이 잘 풀릴 때나 꼬일 때나 상관없이 묵묵히 제 속도로 나아간다.

로버트 루이스 스티븐슨 Robert Louis Stevenson

1051　Bad things do happen; how I respond to them defines my character and the quality of my life. I can choose to sit in perpetual sadness, immobilized by the gravity of my loss, or I can choose to rise from the pain and treasure the most precious gift I have - life itself.

나쁜 일은 일어나기 마련이다. 그런 일에 어떻게 반응하느냐가 내 인격과 삶의 질을 결정한다. 상실의 무게에 짓눌려 끝없는 슬픔에 앉아 있을 수도 있고, 고통에서 일어나 내가 가진 가장 소중한 선물인 삶 그 자체를 소중히 여길 수도 있다.

월터 앤더슨 Walter Anderson

1052　A brilliant idea doesn't guarantee a successful invention. Real magic comes from a brilliant idea combined with willpower, tenacity, and a willingness to make mistakes.

기발한 아이디어가 성공적인 발명을 보장하지는 않는다. 신성한 마법은 기발한 아이디어에 의지력, 끈기, 실수를 기꺼이 감수하는 자세가 결합될 때 탄생한다.

로리 그라이너 Lori Greiner

1053　A positive attitude causes a chain reaction of positive thoughts, events and outcomes. It is a catalyst and it sparks extraordinary results.

긍정적인 태도는 긍정적인 생각, 사건, 결과의 연쇄 반응을 일으킨다. 이는 촉매제가 되어 비범한 결과를 이끌어낸다.

웨이드 보그스 Wade Boggs

1054　Courteous treatment will make a customer a walking advertisement.

정중한 대접은 고객을 걸어 다니는 광고로 만들어 줍니다.

제임스 캐시 페니 James Cash Penney

1055　Fortune's wheel never stands still the highest point is therefore the most perilous.

운명의 수레바퀴는 결코 멈추지 않는다. 그러므로 가장 높은 지점이 가장 위험한 곳이다.

마리아 에지워스 Maria Edgeworth

1056　Although we live in an age of unprecedented convenience, we also live in an age of unprecedented risk.

우리는 전례 없는 편리함의 시대에 살고 있지만, 동시에 전례 없는 위험의 시대에 살고 있다.

존 F. 케네디 John F. Kennedy

1057　If you carefully consider what you want to be said of you in the funeral experience, you will find your definition of success.

장례식에서 사람들이 당신에 대해 뭐라고 말하기를 원하는지 신중하게 생각해본다면, 당신만의 성공에 대한 정의를 찾을 수 있을 것이다.

스티븐 코비 Stephen Covey

1058　The highest patriotism is not a blind acceptance of official policy.

가장 숭고한 애국심은 정부 정책에 대한 맹목적 수용이 아니다.

조지 맥거번 George McGovern

1059　You have to dream, you have to have a vision, and you have to set a goal for yourself that might even scare you a little because sometimes that seems far beyond your reach. Then I think you have to develop a kind of resistance to rejection, and to the disappointments that are sure to come your way.

꿈을 꾸고, 비전을 가져야 하며, 때로는 그것이 손이 닿지 않는 곳에 있는 것처럼 보이기 때문에 당신을 조금 두렵게 할 수도 있는 목표를 스스로 설정해야 한다. 그런 다음 거절에 대한 저항력, 그리고 반드시 찾아오는 실망에 대한 저항력을 길러야 한다고 생각한다.

그레고리 펙 Gregory Peck

1060　Setting goals is the first step in turning the invisible into the visible.

목표 설정은 보이지 않는 것을 보이게 만드는 첫걸음이다.

토니 로빈스 Tony Robbins

1061　Every sale has five basic obstacles: no need, no money, no hurry, no desire, no trust.

모든 판매에는 필요 없음, 돈 없음, 급하지 않음, 욕구 없음, 신뢰 없음이라는 다섯 가지 기본 장애물이 있다.

지그 지글러 Zig Ziglar

1062　Grief changes shape, but it never ends.

슬픔은 형태만 달라질 뿐, 절대 끝나지 않는다.

키아누 리브스 Keanu Reeves

1063　The true test of leadership is how well you perform in times of crisis.

리더십의 진정한 시험은 위기 상황에서 얼마나 잘 해내는지에 달려 있다.

브라이언 트레이시 Brian Tracy

1064　The secret of genius is to carry the spirit of the child into old age, which means never losing your enthusiasm.

천재성의 비밀은 어린아이의 마음을 노년까지 이어가는 것, 즉 열정을 잃지 않는 것이다.

올더스 헉슬리 Aldous Huxley

1065　Old habits cannot be thrown out the upstairs window. They have to be coaxed downstairs one step at a time.

오래된 습관은 이층 창문으로 내던질 수 없다. 한 번에 한 계단씩 달래서 아래층으로 내려보내야 한다.

마크 트웨인 Mark Twain

1066　Eloquent speech is not from lip to ear, but rather from heart to heart.

유창한 연설은 입술에서 귀로 전달되는 것이 아니라, 마음에서 마음으로 전해지는 것이다.

윌리엄 제닝스 브라이언 William Jennings Bryan

1067　The need for connection and community is primal, as fundamental as the need for air, water, and food.

연결과 공동체에 대한 욕구는 원초적이며, 공기, 물, 음식에 대한 욕구만큼 근본적이다.

딘 오니시 Dean Ornish

1068 Booms and busts are endemic to capitalism.

호황과 불황은 자본주의의 고유한 특징이다.

누리엘 루비니 Nouriel Roubini

1069 An individual can make a difference, but a team can make a miracle.

개인은 변화를 만들 수 있지만, 팀은 기적을 만들 수 있다.

더그 피더슨 Doug Pederson

1070 The degree of freedom from unwanted thoughts and the degree of concentration on a single thought are the measures to gauge spiritual progress.

원치 않는 생각으로부터 얼마나 자유로운지, 그리고 하나의 생각에 얼마나 집중할 수 있는지가 정신적인 성장을 가늠하는 척도이다.

라마나 마하르시 Ramana Maharshi

1071 I don't like looking back. I'm always constantly looking forward. I'm not the one to sort of sit and cry over spilt milk. I'm too busy looking for the next cow.

저는 뒤돌아보는 것을 좋아하지 않아요. 저는 항상 앞만 보고 달려갑니다. 저는 엎질러진 우유 때문에 앉아서 울고 있을 사람이 아니에요. 저는 다음 소를 찾느라 너무 바쁩니다.

고든 램지 Gordon Ramsay

1072 Let your life lightly dance on the edges of Time like dew on the tip of a leaf.

당신의 삶이 나뭇잎 끝의 이슬처럼 시간의 가장자리에서 가볍게 춤추도록 하라.

라빈드라나트 타고르 Rabindranath Tagore

1073 We must gather our courage. Hold hands and cast aside our divisions. We must embrace what unites us, together we can.

우리는 용기를 모아야 한다. 손을 잡고 분열을 떨쳐내야 한다. 우리를 하나로 묶는 것을 받아들여야 한다. 함께라면 할 수 있다.

조브넬 모이즈 Jovenel Moise

1074　One should never criticize his own work except in a fresh and hopeful mood. The self-criticism of a tired mind is suicide.

자신의 작업을 비판할 때는 새롭고 희망적인 마음 상태일 때만 해야 한다. 지친 마음으로 하는 자기비판은 자살행위와 같다.

찰스 호턴 쿨리 Charles Horton Cooley

1075　A rough rule in life is that an organization foolish in one way in dealing with a complex system is all too likely to be foolish in another.

인생의 대략적인 법칙은 복잡한 시스템을 다루는 데 있어 한 가지 면에서 어리석은 조직은 다른 면에서도 어리석을 가능성이 높다는 것이다.

찰리 멍거 Charlie Munger

1076　On your journey to your dream, be ready to face oasis and deserts. In both cases, don't stop.

꿈을 향한 여정에서 오아시스와 사막 모두를 만날 준비를 하라. 어느 경우에도 멈추지 마라.

파울로 코엘료 Paulo Coelh

1077　Grades measure effort and understanding, not potential.

성적은 노력과 이해도를 측정하지, 잠재력을 측정하지는 않는다.

미상 Unknown

1078　Destroying rainforest for economic gain is like burning a Renaissance painting to cook a meal.

경제적 이익을 위해 열대우림을 파괴하는 것은 식사를 만들기 위해 르네상스 그림을 태우는 것과 같다.

에드워드 O. 윌슨 E. O. Wilson

1079　Only time can heal your broken heart. Just as only time can heal his broken arms and legs.

시간만이 부러진 팔과 다리를 치료할 수 있는 것 처럼, 오직 시간만이 상처 입은 마음을 치유할 수 있다.

짐 헨슨 Jim Henson

1080　Absence of proof is not proof of absence.

증거의 부재가 부재의 증거는 아니다.

칼 포퍼 Karl Popper

1081　The mind is like the stomach. It is not how much you put into it that counts, but how much it digests.

마음은 위(胃)와 같다. 중요한 것은 얼마나 많이 채우느냐가 아니라, 얼마나 잘 소화하느냐이다.

앨버트 J. 녹 Albert J. Nock

1082　The markets are like a weather; you may not like it but you have to bear it.

시장(市場)은 날씨와 같다. 마음에 들지 않을 수도 있지만, 견뎌내야 한다.

라케시 준준왈라 Rakesh Jhunjhunwala

1083　To avoid criticism, do nothing, say nothing, and be nothing.

비판을 피하려면, 아무것도 하지 말고, 아무 말도 하지 말고, 아무것도 되지 마라.

엘버트 허버드 Elbert Hubbard

1084　Remorse sleeps during a prosperous period but wakes up in adversity.

후회는 번영의 시기에는 잠들어 있다가 역경이 닥치면 깨어난다.

장자크 루소 Jean-Jacques Rousseau

1085　Go vegetable heavy. Reverse the psychology of your plate by making meat the side dish and vegetables the main course.

야채를 많이 드세요. 식탁의 심리를 뒤집어 고기는 반찬으로, 야채를 메인 요리로 만들어 보세요.

바비 플레이 Bobby Flay

1086　The last yard is always the hardest.

마지막 1야드가 언제나 가장 힘들다.

미상 Unknown

1087　When strength is yoked with justice, where is a mightier pair than they?

힘과 정의가 결합되었을 때, 그들보다 더 강력한 한 쌍이 어디 있겠는가?

아이스킬로스 Aeschylus

1088　Those who play with the devil's toys will be brought by degrees to wield his sword.

악마의 장난감을 가지고 노는 자는 점차 그의 칼을 휘두르게 될 것이다.

토머스 풀러 Thomas Fulle

1089　The happiest people I know are people who don't even think about being happy. They just think about being good neighbors, good people. And then happiness sort of sneaks in the back window while they are busy doing good.

제가 아는 가장 행복한 사람들은 행복에 대해 생각조차 하지 않는 사람들입니다. 그들은 그저 좋은 이웃, 좋은 사람이 되는 것에 대해서만 생각합니다. 그리고 그들이 좋은 일을 하느라 바쁠 때 행복은 뒷창문으로 슬그머니 들어옵니다.

해럴드 S. 쿠슈너 Harold S. Kushner

1090　The satiated person and the hungry one do not see the same thing when they look upon a loaf of bread.

배부른 사람과 배고픈 사람이 한 덩어리의 빵을 바라볼 때 같은 것을 보지 않는다.

잘랄 아드딘 무하마드 루미 Rumi

1091　We cannot meet 21st Century challenges with a 20th Century bureaucracy.

20세기의 관료주의로는 21세기의 도전에 대응할 수 없다.

버락 오바마 Barack Obama

1092 A man's college and university degrees mean nothing to me until I see what he is able to do with them.

한 사람의 대학 학위는 그가 그 학위로 무엇을 할 수 있는지를 보기 전에는 아무 의미가 없다.

헨리 포드 Henry Ford

1093 The most beautiful people we have known are those who have known defeat, known suffering, known struggle, known loss, and have found their way out of those depths.

우리가 알고 있는 가장 아름다운 사람들은 패배를 알고, 고통을 알고, 투쟁을 알고, 상실을 알며, 그런 깊은 심연에서 벗어날 길을 찾아낸 사람들이다.

엘리자베트 퀴블러로스 Elisabeth Kubler-Ross

1094 As human beings, we are endowed with freedom of choice, and we cannot shuffle off our responsibility upon the shoulders of God or nature. We must shoulder it ourselves. It is our responsibility.

인간으로서 우리는 선택의 자유를 부여받았으며, 우리의 책임을 신이나 자연의 어깨에 떠넘길 수는 없다. 우리는 스스로 그것을 짊어져야 한다. 그것은 우리의 책임이다.

아놀드 J. 토인비 Arnold J. Toynbee

1095　It is very difficult to get people to focus on the most important things when you're in boom times.

호황기에는 사람들이 가장 중요한 것에 집중하게 하는 것이 매우 어렵다.

제프 베이조스 Jeff Bezos

1096　There is no reason to be embarrassed about tears, for tears shed in the right spirit are a mark of strength, not weakness.

눈물 흘리는 걸 부끄러워할 필요 없다. 올바른 마음가짐에서 흘리는 눈물은 약함이 아니라 강함의 표시이기 때문이다.

존 러벅 John Lubbock

1097　A good idea will keep you awake during the morning, but a great idea will keep you awake during the night.

좋은 생각은 아침에 깨어 있게 만들지만, 위대한 생각은 밤에도 깨어 있게 만든다.

매릴린 보스 서번트 Marilyn vos Savant

1098　Almost all our suffering is the product of our thoughts. We spend nearly every moment of our lives lost in thought, and hostage to the character of those thoughts. You can break this spell, but it takes training just like it takes training to defend yourself against a physical assault.

우리의 거의 모든 고통은 생각의 산물이다. 우리는 거의 모든 순간을 생각에 사로잡혀 보내며, 그 생각의 특성에 인질로 잡혀 있다. 이 주문을 끊을 수는 있지만, 신체적 공격으로부터 자신을 방어하기 위해 훈련이 필요한 것처럼 이것 또한 정신적 연습이 필요하다.

샘 해리스 Sam Harris

1099　He that has been bitten by a snake is afraid of a rope.

뱀에게 물린 사람은 밧줄을 보고도 무서워하기 마련이다.

에드워드 올비 Edward Albee

1100　Everyone needs a place where they can go to just ponder for a while. Silence is important; it's the only time you can hear the whispering of truth.

누구나 잠시 사색에 잠길 수 있는 공간이 필요하다. 그래서 침묵은 중요하다. 오직 침묵 속에서만 신실의 속삭임을 들을 수 있기 때문이다.

글렌 벡 Glenn Beck

1101 The further a society drifts from truth, the more it will hate those who speak it.

사회가 진실에서 멀어질수록, 진실을 말하는 사람들을 더욱 미워하게 된다.

조지 오웰 George Orwell

1102 The supply of time is truly a daily miracle, an affair genuinely astonishing when one examines it.

시간의 공급은 진정으로 매일매일 일어나는 기적이며, 이를 자세히 들여다보면 정말 경이로운 일이다.

앨리스 모스 얼 Alice Morse Earle

1103 Tall oaks from little acorns grow.

작은 도토리에서 큰 참나무가 자란다.

데이비드 에버렛 David Everett

1104　It is hardly possible to build anything if frustration, bitterness and a mood of helplessness prevail.

좌절감, 비통함, 무력감이 만연한 상태에서는 그 어떤 것도 사실상 만들 수 없다.

레흐 바웬사 Lech Walesa

1105　Keep an open heart. We are wired to find love.

열린 마음을 유지하세요. 우리는 사랑을 찾도록 설계되어 있습니다.

헬렌 피셔 Helen Fisher

1106　If you want to be original just try being yourself, because God has never made two people exactly alike.

신은 두 사람을 똑같이 만든 적이 없다. 독창적이고 싶다면 있는 그대로의 자신이 되어라.

버나드 멜처 Bernard Meltzer

1107　Those who lack the courage will always find a philosophy to justify it.

용기가 부족한 사람들은 항상 그것을 정당화할 철학을 찾아낼 것이다.

알베르 카뮈 Albert Camus

1108　Even if I knew that tomorrow the world would go to pieces, I would still plant my apple tree.

내일 세상이 멸망한다는 것을 안다고 해도, 나는 여전히 사과나무를 심을 것이다.

마르틴 루터 Martin Luther

1109　Nothing is more expensive than a missed opportunity.

놓친 기회보다 비싼 것은 없다.

H. 잭슨 브라운 주니어 H. Jackson Brown, Jr.

1110 There is no rewind button for life.

인생에는 되감기 버튼이 없다.

백남준 Nam June Paik

1111 Vigorous writing is concise. A sentence should contain no unnecessary words, a paragraph no unnecessary sentences, for the same reason that a drawing should have no unnecessary lines and a machine no unnecessary parts.

힘 있는 글은 간결하다. 그림에 불필요한 선이 없어야 하고 기계에 불필요한 부품이 없어야 하는 것과 같은 이유로 문장에는 불필요한 단어가 없어야 하고, 문단에는 불필요한 문장이 없어야 한다.

윌리엄 스트렁크 주니어 William Strunk, Jr.

1112 Go to the desk. Stay at the desk. Thrive at the desk.

책상으로 가라. 책상에 머물러라. 책상에서 성공하라.

윌리엄 매슈스 William Matthews

1113　Life swings like a pendulum backward and forward between pain and boredom.

　　　인생은 고통과 지루함 사이를 오가는 시계추와 같다.

　　　　　　　　　　　　　　　아르투어 쇼펜하우어 Arthur Schopenhauer

1114　Getting ahead in a difficult profession requires avid faith in yourself. That is why some people with mediocre talent, but with great inner drive, go much further than people with vastly superior talent.

　　　힘든 직종에서 성공하려면 자신에 대한 열렬한 믿음이 필요하다. 이것이 바로 평범한 재능을 가졌지만 위대한 내적 추진력이 있는 사람들이 훨씬 뛰어난 재능을 가진 사람들보다 더 멀리 나아가는 이유다.

　　　　　　　　　　　　　　　　　　　소피아 로렌 Sophia Loren

1115　If you are not prepared to use force to defend civilization, then be prepared to accept barbarism.

　　　문명을 지키기 위해 무력을 사용할 준비가 되어 있지 않다면, 야만도 받아들일 준비가 되어 있어야 한다.

　　　　　　　　　　　　　　　　　　　토머스 소웰 Thomas Sowell

1116   To engage in meaningful work is to live a life of purpose.

> 의미 있는 일에 참여하는 것은 목적이 있는 삶을 사는 것이다.

피터 드러커 Peter Drucker

1117   The man who insists upon seeing with perfect clearness before he decides, never decides. Accept life, and you must accept regret.

> 완벽하게 명확해질 때까지 기다린 후에야 결정을 내리려는 사람은 절대 결정을 내리지 못한다. 삶을 받아들이려면, 후회 또한 받아들여야 한다.

앙리 프레데리크 아미엘 Henri Frederic Amiel

1118   If you wish to preserve your secret, wrap it up in frankness.

> 만약 당신의 비밀을 지키고 싶다면, 그것을 솔직함으로 포장하라.

알렉산더 스미스 Alexander Smith

1119　Whatever you do in life, surround yourself with smart people who'll argue with you.

인생에서 무엇을 하든지, 당신과 논쟁할 수 있는 똑똑한 사람들과 함께하라.

존 우든 John Wooden

1120　A bee is never as busy as it seems; it's just that it can't buzz any slower.

벌은 보이는 것만큼 바쁘지 않다. 단지 더 느리게 윙윙거릴 수 없을 뿐이다.

킨 허버드 Kin Hubbard

CHAPTER

9

1121　Imagine what our real neighborhoods would be like if each of us offered … just one kind word to another person.

우리 각자가 다른 사람들에게 친절한 말 한마디씩만 건넨다면 우리의 실제 이웃이 어떤 모습일지 상상해 보세요.

프레드 로저스 Fred Rogers

1122　One way of preventing disease is worth fifty ways of curing it.

질병을 예방하는 한 가지 방법이 그것을 치료하는 50가지 방법보다 가치 있다.

윌리엄 오슬러 경 Sir William Osler

1123　Those who do not want to imitate anything, produce nothing.

아무것도 모방하고 싶어하지 않는 사람들은 아무것도 만들어내지 못한다.

살바도르 달리 Salvador Dali

1124   Money will buy a pretty good dog, but it won't buy the wag of his tail.

돈으로 꽤 괜찮은 개를 살 수는 있지만, 그 개가 진심으로 꼬리를 흔드는 것까지 살 수는 없다.

조시 빌링스 Josh Billings

1125   Sometimes when we are generous in small, barely detectable ways it can change someone else's life forever.

때로는 눈에 잘 띄지도 않는 작은 친절이, 누군가의 인생을 영원히 바꾸어 놓을 수 있다.

마거릿 조 Margaret Cho

1126   The purpose of a vacation is to have the time to rest.

휴가의 목적은 쉴 시간을 갖는 것이다.

틱낫한 Thich Nhat Hanh

1127　The key is not to prioritize what's on your schedule, but to schedule your priorities.

핵심은 일정의 우선순위를 정하는 것이 아니라, 우선순위의 일정을 정하는 것이다.

스티븐 코비 Stephen Covey

1128　Economic systems rise and fall just like empires. That's the kind of perspective we need to take if we hope to prosper for centuries rather than for the next quarter.

경제 시스템은 마치 제국처럼 흥망성쇠를 겪는다. 단지 다음 분기가 아니라 수 세기 동안 번영하고 싶다면, 우리는 이런 종류의 관점이 필요하다.

애널리 뉴위츠 Annalee Newitz

1129　Don't mix bad words with your bad mood. You'll have many opportunities to change a mood, but you'll never get the opportunity to replace the words you spoke.

나쁜 기분을 나쁜 말과 섞지 마라. 기분을 바꿀 기회는 많겠지만, 한 번 뱉은 말을 되돌릴 기회는 절대 얻지 못할 것이다.

미상 Unknown

1130   Always write angry letters to your enemies. Never mail them.

항상 적에게 화난 편지를 쓰세요. 그리고 절대 편지를 보내지 마세요.

제임스 팰로스 James Fallows

1131   To lay aside all prejudices, is to lay aside all principles. He who is destitute of principles is governed by whims.

모든 편견을 버리는 것은 모든 원칙을 버리는 것이다. 원칙이 없는 사람은 변덕에 지배당한다.

프리드리히 하인리히 야코비 Friedrich Heinrich Jacobi

1132   A manager is an assistant to his men.

관리자는 부하 직원을 돕는 조력자다.

토머스 J. 왓슨 Thomas J. Watson

1133　Books are humanity in print.

책은 인쇄된 인류입니다.

바버라 터크먼 Barbara Tuchman

1134　If you only have a hammer, you tend to see every problem as a nail.

만약 당신이 오직 망치만 가지고 있다면, 모든 문제가 못으로 보이기 마련이다.

에이브러햄 매슬로 Abraham Maslow

1135　Nothing is so strong as gentleness, nothing so gentle as real strength.

온유함만큼 강한 것은 없으며, 진정한 강함만큼 온유한 것은 없다.

성 프란체스코 디 살레스 Saint Francis de Sales

1136 It is only as we develop others that we permanently succeed.

오직 다른 사람들을 성장시킬 때만 우리는 영구적으로 성공할 수 있다.

하비 S. 파이어스톤 Harvey S. Firestone

1137 An expert is someone who has succeeded in making decisions and judgements simpler through knowing what to pay attention to and what to ignore.

전문가란 무엇에 주의를 기울이고 무엇을 무시해야 하는지 파악하여 의사 결정과 판단을 더 단순하게 만드는 데 성공한 사람이다.

에드워드 드 보노 Edward de Bono

1138 What would life be if we had no courage to attempt anything?

어떤 것도 시도할 용기가 없다면 인생이 무슨 의미가 있겠는가?

빈센트 반 고흐 Vincent Van Gogh

1139　We only see what we want to see; we only hear what we want to hear. Our belief system is just like a mirror that only shows us what we believe.

우리는 보고 싶은 것만 보고, 듣고 싶은 것만 듣는다. 우리의 신념 체계는 우리가 믿는 것만을 보여주는 거울과 같다.

돈 미겔 루이스 Don Miguel Ruiz

1140　Beginning today, treat everyone you meet as if they were going to be dead by midnight. Extend to them all the care, kindness and understanding you can muster, and do it with no thought of any reward. Your life will never be the same again.

오늘부터 만나는 모든 사람을 자정이 되면 죽을 것처럼 대하세요. 그들에게 당신이 끌어낼 수 있는 모든 관심과 친절과 이해를 베풀고 어떤 보상도 생각하지 말고, 그렇게 해보세요. 그러면 당신의 삶은 다시는 예전 같지 않을 것입니다.

오그 만디노 Og Mandino

1141　Nobody is going to pour truth into your brain. It's something you have to find out for yourself.

아무도 당신의 뇌에 진리를 부어 넣어주지 않는다. 그것은 스스로 찾아내야 하는 것이다.

노엄 촘스키 Noam Chomsky

1142　A man's dying is more his survivor's affair than his own.

한 사람의 죽음은 당사자보다는 살아남은 사람의 문제다.

토마스 만 Thomas Mann

1143　If you're walking down the right path and you're willing to keep walking, eventually you'll make progress.

올바른 길을 걷고 있고 계속 걸을 의지가 있다면, 결국에는 진전을 이룰 것이다.

버락 오바마 Barack Obama

1144　If we were to wipe out insects alone on this planet, the rest of life and humanity with it would mostly disappear from the land. Within a few months.

만약 우리가 지구상에서 곤충만 멸종시켜도, 나머지 생명체와 인류는 대부분 이 땅에서 사라질 것이다. 불과 몇 달 안에 말이다.

에드워드 O. 윌슨 E. O. Wilson

1145　The tragedy of life is often not in our failure, but rather in our complacency; not in our doing too much, but rather in our doing too little; not in our living above our ability, but rather in our living below our capacities.

인생의 비극은 종종 실패에 있는 것이 아니라 안일함에 있고, 너무 많은 일을 하는 것이 아니라 너무 적게 하는 데 있으며, 능력 이상으로 사는 것이 아니라 역량 이하로 사는 데 있다.

벤저민 E. 메이스 Benjamin E. Mays

1146　You don't need a silver fork to eat good food.

좋은 음식을 먹기 위해 은으로 된 포크가 필요한 건 아니다.

폴 프루덤 Paul Prudhomme

1147　The great aim of education is not knowledge but action.

교육의 위대한 목적은 지식이 아니라 행동이다.

허버트 스펜서 Herbert Spencer

1148　The true currency of life is time, not money, and we've all got a limited stock of that.

인생의 진정한 화폐는 돈이 아니라 시간이며, 우리 모두는 한정된 시간의 재고를 가지고 있다.

브라이언 트레이시 Brian Tracy

1149　Chance is always powerful. Let your hook always be cast; in the pool where you least expect it, there will be fish.

기회는 언제나 강력하다. 그러니 낚싯바늘을 항상 던져두어라. 가장 기대하지 않은 곳에서 물고기를 잡게 될 것이다.

오비디우스 Ovid

1150　Hope never abandons you, you abandon it.

희망은 절대 당신을 버리지 않는다. 당신이 희망을 버릴 뿐이다.

조지 와인버그 George Weinberg

1151　To experience sublime natural beauty is to confront the total inadequacy of language to describe what you see.

숭고한 자연의 아름다움을 경험한다는 것은 자신이 본 것을 묘사하는 언어의 완전한 한계와 직면하는 것이다.

엘리너 캐턴 Eleanor Catton

1152　Fear is the main source of superstition, and one of the main sources of cruelty. To conquer fear is the beginning of wisdom.

두려움은 미신의 주요 원천이자 잔인함의 주요 원인 중 하나이다. 그러므로 두려움을 정복하는 것이 지혜의 시작이다.

버트런드 러셀 Bertrand Russell

1153　The rate at which a person can mature is directly proportional to the embarrassment they can tolerate.

사람이 성숙해지는 속도는 그가 견딜 수 있는 당혹감의 정도에 정비례한다.

미상 Unknown

1154　Success is not a matter of mastering subtle, sophisticated theory but rather of embracing common sense with uncommon levels of discipline and persistence.

성공은 미묘하고 정교한 이론을 터득하는 문제가 아니라, 흔하지 않은 수준의 절제력과 끈기를 가지고 상식을 받아들이는 것이다.

패트릭 렌시오니 Patrick Lencioni

1155　In this world nothing can be said to be certain, except death and taxes.

이 세상에서 확실하다고 말할 수 있는 것은 죽음과 세금밖에 없다.

벤저민 프랭클린 Benjamin Franklin

1156　Scar tissue is stronger than regular tissue. Realize the strength, move on.

흉터 조직은 일반 조직보다 강합니다. 그 강인함을 깨닫고, 앞으로 나아가세요.

헨리 롤린스 Henry Rollins

1157　Friendship is always a sweet responsibility, never an opportunity.

우정은 언제나 달콤한 책임이지, 결코 기회가 아니다.

칼릴 지브란 Khalil Gibran

1158　How can you frighten a man whose hunger is not only in his own cramped stomach but in the wretched bellies of his children? You can't scare him--he has known a fear beyond every other.

자신의 비좁은 뱃속뿐 아니라 자식들의 가련한 배까지 굶주리고 있는 사람을 어떻게 겁줄 수 있을까요? 그는 다른 모든 것을 초월하는 두려움을 알고 있기 때문에 그를 겁줄 수 없습니다.

존 스타인벡 John Steinbeck

1159　When negative thoughts bug you, it's not positive thoughts but actions that will set you free.

부정적인 생각이 당신을 성가시게 할 때, 당신을 자유롭게 해주는 것은 긍정적인 생각이 아니라 행동이다.

신영준 Youngjun Shin

1160　There are no straight lines or sharp corners in nature. Therefore, buildings must have no straight lines or sharp corners.

자연에는 직선이나 날카로운 모서리가 없다. 따라서 건물도 직선이나 날카로운 모서리가 없어야 한다.

안토니 가우디 Antoni Gaudi

1161　I believe that the greatest gift you can give your family and the world is a healthy you.

가족과 세상에 줄 수 있는 최고의 선물은 건강한 자신이다.

조이스 마이어 Joyce Meyer

1162　Humility is the ability to give up your pride and still retain your dignity.

겸손은 자존심을 내려놓으면서도 품위를 유지하는 능력이다.

반나 본타 Vanna Bonta

1163　To make democracy work, we must be a nation of participants, not simply observers. One who does not vote has no right to complain.

민주주의가 제대로 작동하려면, 우리는 단순한 관찰자가 아닌 참여자의 국가가 되어야 한다. 그러므로 투표하지 않는 사람은 불평할 권리가 없다.

루이 라무어 Louis L'Amour

1164　Through pride we are ever deceiving ourselves. But deep down below the surface of the average conscience a still, small voice says to us, something is out of tune.

우리는 자만심 때문에 늘 자신을 속이고 있다. 그러나 평범한 양심의 표면 아래 깊은 곳에서 조용하고 작은 목소리가 우리에게 무언가 어긋나 있다고 말하고 있다.

카를 융 Carl Jung

1165　What wings are to a bird, and sails to a ship, so is prayer to the soul.

새에게 날개가 있고 배에게 돛이 있듯이, 영혼에게는 기도가 있다.

코리 텐 붐 Corrie Ten Boom

1166　Bread for myself is a material question. Bread for my neighbor is a spiritual one.

나 자신을 위한 빵은 물질적인 문제이다. 하지만 내 이웃을 위한 빵은 영적인 문제이다.

니콜라이 베르댜예프 Nikolai Berdyaev

1167　I have a simple philosophy: Fill what's empty. Empty what's full. Scratch where it itches.

저에게는 단순한 철학이 있습니다. 빈 곳은 채우고, 가득 찬 곳은 비우며, 가려운 곳은 긁어주는 것입니다.

앨리스 루스벨트 롱워스 Alice Roosevelt Longworth

1168　Silent gratitude isn't very much use to anyone.

마음속으로만 하는 감사는 누구에게도 별 도움이 되지 않는다.

거트루드 스타인 Gertrude Stein

1169　To effectively communicate, we must realize that we are all different in the way we perceive the world and use this understanding as a guide to our communication with others.

효과적으로 소통하려면, 우리 모두가 세상을 인식하는 방식이 다르다는 것을 깨달아야 하며, 이러한 이해를 다른 사람들과의 소통에서 지침으로 삼아야 한다.

토니 로빈스 Tony Robbins

1170　Is there any practice less selfish, any time less wasted than preparing something nourishing and delicious for the people you love?

사랑하는 사람들을 위해 영양가 있고 맛있는 음식을 준비하는 것보다 덜 이기적인 행위, 덜 낭비되는 시간이 또 있을까?

M. F. K. 피셔 M.F.K. Fisher

1171　Sometimes the first duty of intelligent men is the restatement of the obvious.

때때로 지적인 사람의 첫 번째 의무는 당연한 사실을 다시 말하는 것이다.

조지 오웰 George Orwell

1172　You cannot afford to wait for perfect conditions. Goal setting is often a matter of balancing timing against available resources. Opportunities are easily lost while waiting for perfect conditions.

완벽한 조건을 기다릴 여유가 없다. 목표 설정은 종종 가용 자원과 타이밍의 균형을 맞추는 문제이다. 완벽한 조건을 기다리는 동안 기회는 쉽게 사라진다.

게리 라이언 블레어 Gary Ryan Blair

1173　The baby bat screamed out in fright, 'Turn on the dark, I'm afraid of the light.'

아기 박쥐는 겁에 질려 '어둠을 켜요, 빛이 무서워요'라고 소리쳤습니다.

로버트 루이스 스티븐슨 Robert Louis Stevenson.

1174　The truth may sometimes slap you in the face, but it will never stab you in the back.

진실은 때때로 당신의 뺨을 내릴 수도 있지만, 결코 뒤에서 당신의 등을 찌르지는 않는다.

미상 Unknown

1175　Basic research is to work at the very edge, the very border of, of knowledge, and move that border forward. You look and look for new secrets, and you don't know where it's going to lead you.

기초 연구는 지식의 가장자리, 바로 그 경계에서 일하면서 그 경계를 앞으로 전진시키는 것이다. 새로운 비밀을 찾고 또 찾지만, 그 비밀이 어디로 이어질지는 알 수 없다.

프레드 카블리 Fred Kavli

1176　Power is not an institution, and not a structure; neither is it a certain strength we are endowed with; it is the name that one attributes to a complex strategical situation in a particular society.

권력이란 제도나 구조가 아니며, 우리에게 부여된 특정한 힘도 아니다. 권력은 특정 사회의 복잡한 전략적 상황에 부여되는 명칭일 뿐이다.

미셸 푸코 Michel Foucault

1177　Don't let the noise of others' opinions drown out your own inner voice. And most important, have the courage to follow your heart and intuition.

다른 사람의 의견에 휩쓸려 내면의 목소리가 묻히지 않도록 하라. 그리고 가장 중요한 것은 자신의 마음과 직관을 따를 용기를 갖는 것이다.

스티브 잡스 Steve Jobs

1178 It is an immutable law in business that words are words, explanations are explanations, promises are promises-but only performance is reality.

비즈니스에서 말은 말이고, 설명은 설명이며, 약속은 약속이지만, 오직 성과만이 현실이라는 것은 불변의 법칙이다.

해럴드 S. 지닌 Harold S. Geneen

1179 Of course we all have our limits, but how can you possibly find your boundaries unless you explore as far and as wide as you possibly can? I would rather fail in an attempt at something new and uncharted than safely succeed in a repeat of something I have done.

물론 우리 모두에게는 한계가 있다. 하지만 가능한 한 멀리, 넓게 탐험하지 않고서는 어떻게 자신의 한계를 찾을 수 있겠는가? 나는 해본 일을 반복해서 안전하게 성공하기보다는, 새롭고 미지의 영역에 도전하다가 실패하는 편을 택하겠다.

A. E. 호치너 A. E. Hotchner

1180 I recommend that the Statue of Liberty be supplemented by a Statue of Responsibility on the west coast.

저는 '사유의 여신상'이 서부 해안의 '책임의 여신상'으로 보완되어야 한다고 제안합니다.

빅토르 F. 프랑클 Viktor E. Frankl

1181 Teaching is mostly listening, and learning is mostly telling.

가르치는 것은 대부분 듣는 것이고, 배우는 것은 대부분 말하는 것이다.

데보라 마이어 Deborah Meier

1182 Why should society feel responsible only for the education of children, and not for the education of all adults of every age?

사회는 왜 아이들의 교육에만 책임을 느끼고, 모든 연령대 성인들의 교육에는 책임을 느끼지 않는가?

에리히 프롬 Erich Fromm

1183 Hypocrites are those who apply to others the standards that they refuse to accept for themselves.

위선자란 자신에게는 적용하기를 거부하는 기준을 남에게 적용하는 사람들이다.

노엄 촘스키 Noam Chomsky

1184　Life is not safe, and so our task is not to promise our kids there will be no turbulence. It's to assure them that when the turbulence comes, we will all hold hands and get through it together.

인생은 안전하지 않다. 따라서 우리의 임무는 아이들에게 험난한 일이 없을 것이라고 약속하는 것이 아니라, 험난한 시기가 오면 우리 모두 손을 잡고 함께 이겨낼 수 있다는 확신을 심어주는 것이다.

글레넌 도일 멜턴 Glennon Doyle Melton

1185　He must be independent and brave, and sure of himself and of the importance of his work, because if he isn't he will never survive the scorching blasts of derision that will probably greet his first efforts.

독립적이고 용감해야 하며, 자신과 자신의 업무의 중요성에 대해 확신을 가져야 한다. 그렇지 않으면 첫 번째 시도가 맞이할 맹렬한 조롱의 광풍에서 절대 살아남을 수 없기 때문이다.

로버트 E. 셔우드 Robert E. Sherwood

1186　The pen is the lever that moves the world.

펜은 세상을 움직이는 지렛대이다.

토머스 드 윗 탤미지 Thomas De Witt Talmage

1187　Disgust is often more deeply buried than envy and anger, but it compounds and intensifies the other negative emotions.

혐오감은 질투나 분노보다 더 깊숙이 묻혀 있는 경우가 많지만, 다른 부정적인 감정을 악화시키고 더 강렬하게 만든다.

마사 누스바움 Martha Nussbaum

1188　Every senior was once a junior, and every master was once a beginner.

모든 상급자는 한때 하급자였고, 모든 대가 역시 한때는 초보자였다.

미상 Unknown

1189　An army of rabbits led by a lion will defeat an army of lions led by a rabbit.

사자가 이끄는 토끼 군대는 토끼가 이끄는 사자 군대를 물리칠 것이다.

아랍 속담 Arabic Proverb

1190　The next time you make a snap judgment about a situation, take a few moments to understand an opposing viewpoint.

> 다음에 어떤 상황에 대해 성급한 판단을 내릴 때, 잠시 시간을 내어 반대 관점을 이해하려고 노력해 보라.

데이비드 J. 리버먼 David J. Lieberman

1191　Keep me away from the wisdom which does not cry, the philosophy which does not laugh and the greatness which does not bow before children.

> 울지 않는 지혜로부터, 웃지 않는 철학으로부터, 그리고 아이들 앞에서 고개 숙이지 않는 위대함으로부터 나를 멀리하게 하소서.

칼릴 지브란 Khalil Gibran

1192　It is our attitude at the beginning of a difficult task which, more than anything else, will affect its successful outcome.

> 나른 무엇보다도, 성공적인 결과에 영향을 미치는 것은 어려운 일을 시작할 때의 우리의 태도다.

윌리엄 제임스 William James

1193　The man who does not read good books has no advantage over the man who cannot read them.

양서를 읽지 않는 사람은 글자를 읽지 못하는 사람보다 나을 것이 없다.

마크 트웨인 Mark Twain

1194　Excellence is not a skill, it's an attitude.

탁월함은 기술이 아니라 태도이다.

랠프 마스턴 Ralph Marston

1195　Time and health are two precious assets that we don't recognize and appreciate until they have been depleted.

시간과 건강은 고갈될 때까지 인식하지도 감사하지도 못하는 두 가지 소중한 자산이다.

데니스 웨이틀리 Denis Waitley

1196　Children must early learn the the beauty of generosity. They are taught to give what they prize most, that they may taste the happiness of giving.

　　　아이들은 관대함의 아름다움을 일찍 배워야 한다. 그들이 가장 소중히 여기는 것을 나누도록 가르침받아야, 나눔의 기쁨을 맛볼 수 있다.

찰스 알렉산더 이스트먼 Charles Alexander Eastman

1197　The most important single central fact about a free market is that no exchange takes place unless both parties benefit.

　　　자유시장에 대한 가장 중요하고 핵심적인 사실은 양쪽 모두에게 이익이 되지 않는 한 어떤 교환도 일어나지 않는다는 것이다.

밀튼 프리드먼 Milton Friedman

1198　Be still when you have nothing to say; when genuine passion moves you, say what you've got to say, and say it hot.

　　　할 말이 없을 때는 잠잠하라. 하시만 진정한 열정이 당신을 움직일 때는, 해야 할 말을 뜨겁게 말하라.

D. H. 로런스 D. H. Lawrence

1199　The greatest scientist is not necessarily the one who makes the greatest discoveries but the one who asks the greatest questions.

가장 위대한 과학자는 반드시 가장 위대한 발견을 하는 사람이 아니라, 가장 위대한 질문을 던지는 사람이다.

아이작 아시노프 Isaac Asimov

1200　Cinema should make you forget you are sitting in a theater.

영화는 당신이 극장에 앉아 있다는 사실을 잊게 만들어야 한다.

로만 폴란스키 Roman Polanski

1201　Do not spoil what you have by desiring what you have not; remember that what you now have was once among the things you only hoped for.

가지지 못한 것을 갈망하여 지금 가진 것을 망치지 마라. 당신이 지금 가진 것 또한 한때는 간절히 바라던 것 중 하나였음을 기억하라.

에피쿠로스 Epicurus

1202　People have a hard time letting go of their suffering. Out of a fear of the unknown, they prefer suffering that is familiar.

사람들은 자신의 고통을 놓아주기를 어려워한다. 미지의 것에 대한 두려움 때문에, 그들은 차라리 익숙한 고통을 택한다.

틱낫한Thich Nhat Hanh

1203　You can't sneak out of the responsibilities of life. You have to face them head-on.

인생의 책임에서 슬그머니 빠져나갈 수는 없다. 우리는 그것들과 정면으로 마주해야 한다.

A. C. 벤슨A. C. Benson

1204　There's something incredibly comforting about a bowl of soup on a cold day.

추운 날에 한 그릇의 수프에는 믿을 수 없을 정도로 위로가 되는 무언가가 있다.

미상Unknown

1205   The palace is not safe when the cottage is not happy.

오두막이 행복하지 않으면 궁전도 안전하지 않다.

벤저민 디즈레일리 Benjamin Disraeli

1206   There cannot be greater rudeness than to interrupt another in the current of his discourse.

다른 사람이 말하고 있는 도중에 끼어드는 것보다 더 무례한 일은 없다.

존 로크 John Locke

1207   If you are curious, you'll find the puzzles around you. If you are determined, you will solve them.

호기심이 있다면, 당신은 주변에서 퍼즐을 발견할 것이다. 단호한 의지가 있다면, 당신은 그것들을 풀어낼 것이다.

에르뇌 루빅 Erno Rubik

1208　Strength does not come from physical capacity. It comes from an indomitable will.

힘은 육체적인 능력에서 나오는 것이 아니다. 그것은 불굴의 의지에서 나온다.

마하트마 간디 Mahatma Gandhi

1209　The more you sweat in peace, the less you bleed in war.

평화로울 때 땀을 많이 흘릴수록, 전시에 피를 적게 흘릴 것이다.

노먼 슈워츠코프 Norman Schwarzkopf

1210　Success without honor is an unseasoned dish; it will satisfy your hunger, but it won't taste good.

명예 없는 성공은 양념 없는 음식과 같다. 배고픔은 달래 주겠지만 맛은 좋지 않을 것이다.

조 퍼터노 Joe Paterno

1211   That's the secret to life… replace one worry with another.

하나의 걱정을 다른 걱정으로 대체하는 것. 그것이 바로 인생의 비결입니다.

찰스 M. 슐츠 Charles M. Schulz

1212   Good humor is a tonic for mind and body. It is the best antidote for anxiety and depression. It is a business asset. It attracts and keeps friends. It lightens human burdens. It is the direct route to serenity and contentment.

좋은 유머는 몸과 마음을 위한 강장제다. 불안과 우울증에 대한 최고의 해독제이다. 사업적 자산이며, 사람들을 끌어 모으고 우정을 이어가게 한다. 인생의 짐을 가볍게 해주고, 평온함과 만족으로 가는 지름길이다.

그렌빌 클라이저 Grenville Kleiser

1213   An incident is often just the tip of the iceberg; much more lies beneath the surface.

하나의 사건은 종종 빙산의 일각에 불과하다. 훨씬 더 많은 것이 수면 아래에 놓여 있다.

돈 페퍼스 Don Peppers

1214　I know what it is like to be brought up with unconditional love. In my life that came from my grandmother.

저는 무조건적인 사랑을 받고 자란다는 것이 어떤 것인지 잘 알고 있습니다. 제 인생에서 그것은 할머니로부터 온 것이었습니다.

앙드레 리언 탤리 Andre Leon Talley

1215　In order to properly understand the big picture, everyone should fear becoming mentally clouded and obsessed with one small section of truth.

큰 그림을 제대로 이해하려면, 모두가 하나의 작은 진실에 정신이 흐려지고 집착하는 것을 두려워해야 한다.

미상 Unknown

1216　A smile happens in a flash, but its memory can last a lifetime.

미소는 순간이지만, 그 기억은 평생 갈 수 있다.

버트런드 러셀 Bertrand Russell

1217　Nonviolence is the first article of my faith. It is also the last article of my creed.

비폭력은 내 믿음의 첫 번째 조항이다. 그것은 또한 내 신조의 마지막 조항이기도 하다.

마하트마 간디 Mahatma Gandhi

1218　Authenticity means erasing the gap between what you firmly believe inside and what you reveal to the outside world.

진정성이란 내면에서 굳게 믿는 것과 외부에 드러내는 것 사이의 간극을 없애는 것을 의미한다.

애덤 그랜트 Adam Grant

1219　The true revolutionary is guided by a great feeling of love. It is impossible to think of a genuine revolutionary lacking this quality.

진정한 혁명가는 위대한 사랑의 감정에 의해 이끌린다. 이런 자질이 없는 진정한 혁명가를 생각하는 것은 불가능하다.

체 게바라 Che Guevara

1220 The essential difference between emotion and reason is that emotion leads to action while reason leads to conclusions.

감정과 이성의 본질적 차이는 감정은 행동으로 이끌고 이성은 결론으로 이끈다는 것이다.

도널드 칼네 Donald Calne

1221 Ideas are a dime a dozen. People who implement them are priceless.

아이디어는 흔해 빠졌다. 하지만 그것을 실행하는 사람은 값을 매길 수 없을 만큼 귀하다.

메리 케이 애시 Mary Kay Ash

1222 The elevator to success is out of order. You'll have to use the stairs... one step at a time.

성공으로 가는 엘리베이터는 고장났다. 당신은 계단을 이용해야 할 것이다... 한 번에 한 계단씩.

조 지라드 Joe Girard

1223　The longer the title, the less important the job.

직함이 길수록 그 업무는 덜 중요하다.

조지 맥거번 George McGovern

1224　Always think of what is useful and not what is beautiful. Beauty will come of its own accord.

항상 아름다운 것이 아닌, 쓸모 있는 것을 생각하라. 아름다움은 저절로 따라올 것이다.

니콜라이 고골 Nikolai Gogol

1225　Data is not information, Information is not knowledge, Knowledge is not understanding, Understanding is not wisdom.

데이터는 정보가 아니고, 정보는 지식이 아니며, 지식은 이해가 아니고, 이해는 지혜가 아니다.

클리포드 스톨 Clifford Stoll

1226　To see a world in a grain of sand And a heaven in a wild flower, Hold infinity in the palm of your hand, And eternity in an hour.

한 알의 모래에서 세상을 보고, 한 송이 들꽃에서 천국을 보라. 손바닥 안에 무한을 쥐고, 한 시간 속에 영원을 담으라.

윌리엄 블레이크 William Blake

1227　It's harder for a leader to be born in a palace than to be born in a cabin.

지도자는 오두막에서 태어나는 것보다 궁전에서 태어나는 것이 더 어렵다.

우드로 윌슨 Woodrow Wilson

1228　Businesses perform better when you have diversity of view in your senior leadership positions. This is not just the right thing to do socially; it's the right thing to do for your business.

사업은 고위 경영진에 다양한 관점을 가진 사람들이 있을 때 더 좋은 성과를 낸다. 이것은 사회적으로 올바른 일일 뿐만 아니라, 사업적으로도 옳은 일이다.

루스 포랫 Ruth Porat

1229　Prejudices, it is well known, are most difficult to eradicate from the heart whose soil has never been loosened or fertilized by education; they grow firm there, firm as weeds among stones.

편견은 교육으로 마음의 토양이 부드럽게 갈아엎어지거나 비옥해지지 않은 이들에겐 뿌리 뽑기 가장 어렵다. 그런 마음에서는 편견이 돌 사이의 잡초처럼 굳건히 자리 잡는다.

샬럿 브론테 Charlotte Bronte

1230　We often refuse to accept an idea merely because the tone of voice in which it has been expressed is unsympathetic to us.

우리는 어떤 아이디어의 표현된 말투가 비호감이라는 이유만으로 그 생각 자체를 받아들이기를 거부하는 경우가 많다.

프리드리히 니체 Friedrich Nietzsche

1231　A virgin perspective offers a fresh outlook on old problems.

때 묻지 않은 시각은 해묵은 문제에 신선한 관점을 제시한다.

엘리우드 킵초게 Eliud Kipchoge

1232 Do not follow where the path may lead. Go instead where there is no path and leave a trail.

길이 이끄는 곳을 따라가지 마라. 대신 길이 없는 곳으로 가서, 발자취를 남겨라.

랠프 월도 에머슨 Ralph Waldo Emerson

1233 Only the brave know how to forgive; it is the most refined and generous pitch of virtue human nature can arrive at.

오직 용기 있는 자만이 용서하는 법을 안다. 용서는 인간의 본성이 도달할 수 있는 가장 고결하고 너그러운 정점의 덕목이다.

로런스 스턴 Laurence Sterne

1234 Petting, scratching, and cuddling a dog could be as soothing to the mind and heart as deep meditation and almost as good for the soul as prayer.

개를 쓰다듬고, 긁어주고, 껴안는 것은 깊은 명상만큼이나 심신을 안정시켜주고, 기도만큼이나 영혼에 좋을 수 있다.

딘 쿤츠 Dean Koontz

1235　Life is fragile: it thrives only in a narrow range of temperatures between freezing and boiling. How lucky that our planet is just the right distance from the sun: a little farther, and the death of the perpetual Antarctic winter - or worse - would prevail; a little closer, and the surface would truly fry anything that touched it.

생명은 연약하다. 그것은 어는점과 끓는점 사이의 좁은 온도 범위에서만 번성하기 때문이다. 우리 지구가 태양으로부터 딱 적절한 거리에 있다는 것은 얼마나 행운인가. 조금 더 멀었다면 영원한 남극 겨울로 인한 죽음 혹은 그보다 더한 죽음이 만연했을 것이고, 조금 더 가까웠다면 표면은 닿는 모든 것을 정말로 태워버렸을 것이다.

칼 세이건 Carl Sagan

1236　Reading maketh a full man; conference a ready man; and writing an exact man.

독서는 완전한 사람을 만들고, 대화는 준비된 사람을 만들며, 글쓰기는 정확한 사람을 만든다.

프랜시스 베이컨 Francis Bacon

1237　Nothing can stop the man with the right mental attitude from achieving his goal; nothing on earth can help the man with the wrong mental attitude.

올바른 마음가짐을 가진 사람이 목표 달성하는 것을 막을 수 있는 것은 없다. 그러나 잘못된 마음가짐을 가진 사람을 도와줄 수 있는 것도 없다.

토머스 제퍼슨 Thomas Jefferson

1238　Stretching his hand up to reach the stars, too often man forgets the flowers at his feet.

별에 닿으려 손을 뻗는 동안, 인간은 발밑의 꽃을 너무나도 자주 잊는다.

제러미 벤담 Jeremy Bentham

1239　I've learned the hard lesson that you can't pin your heart on anything until it's a completely done deal.

모든 것이 완전히 끝날 때까지는 어떤 것에도 마음을 걸어서는 안 된다는 뼈아픈 교훈을 배웠다.

오프라 윈프리 Oprah Winfrey

1240　Never let your background define your limits.

당신의 배경이 당신의 한계를 정의하도록 내버려두지 마세요.

셰릴 샌드버그 Sheryl Sandberg

1241 A great life is a series of small sacrifices.

위대한 인생은 작은 희생들의 연속이다.

존 C. 맥스웰John C. Maxwell

1242 Luck is a very thin wire between survival and disaster, and not many people can keep their balance on it.

행운은 생존과 재앙 사이에 놓인 아주 가느다란 줄이며, 그 줄 위에서 균형을 유지할 수 있는 사람은 많지 않다.

헌터 S. 톰슨Hunter S. Thompson

1243 Holding on to anger is like grasping a hot coal with the intent of throwing it at someone else; you are the one who gets burned.

화를 계속 품고 있는 것은 남에게 던지려고 뜨거운 석탄을 손에 쥐고 있는 것과 같다. 정작 화상을 입는 사람은 자기 자신이다.

부처Buddha

1244   Jobs and Wozniak had started in a garage, a symbol of the era's entrepreneurial spirit. It was here, among cluttered workbenches and makeshift equipment, that they created the Apple I, launching a company that would eventually change the world.

잡스와 워즈니악은 당시 기업가 정신의 상징이었던 차고에서 시작했다. 어수선한 작업대와 임시방편으로 만든 장비들 사이에서 그들은 결국 세상을 바꿀 회사를 출범시키며 Apple I을 만들었다.

월터 아이작슨 Walter Isaacson

1245   A mouse does not rely on just one hole.

쥐는 한 구멍에만 의존하지 않는다.

플라우투스 Plautus

1246   To win the league, you don't just need great players, but you need players who have the mentality of title winners.

리그에서 우승하려면 뛰어난 선수들만 있으면 되는 게 아니라, 챔피언의 멘탈을 가진 선수들이 필요하다.

디미타르 베르바토프 Dimitar Berbatov

1247　Fashion is not necessarily about labels. It's not about brands. It's about something else that comes from within you.

패션은 반드시 상표에 관한 것이 아니다. 브랜드에 관한 것도 아니다. 그것은 당신의 내면에서 나오는 다른 무언가에 관한 것이다.

랠프 로런 Ralph Lauren

1248　Any committee is only as good as the most knowledgeable, determined and vigorous person on it. There must be somebody who provides the flame.

어떤 위원회든 그곳에 속한 가장 지식이 풍부하고, 결단력 있고, 활기찬 사람만큼만 훌륭하다. 반드시 불을 지피는 누군가가 있어야 한다.

폴린 카엘 Pauline Kae

1249　If there exists no possibility of failure, then victory is meaningless.

실패의 가능성이 존재하지 않는다면, 승리는 무의미하다.

로버트 H. 슐러 Robert H. Schuller

1250　Transformations always occur during moments of crisis.

변화는 항상 위기의 순간에 일어난다.

파울로 코엘료 Paulo Coelho

1251　The greatest danger to the planet is the belief that someone else will save it. You have to be the one to roll up your sleeves and take action, whether it's cleaning the pipes or fixing the plumbing.

지구에 대한 가장 큰 위험은 다른 누군가가 지구를 구해줄 것이라는 믿음이다. 파이프를 청소하는 일이든 배관을 고치는 일이든, 소매를 걷어붙이고 행동에 나서야 하는 사람은 바로 당신이다.

폴 호켄 Paul Hawken

1252　Current events are a mirror reflecting the values of our society.

현재 벌어지는 사건들은 우리 사회가 무엇을 중시하는지 보여주는 거울이다.

말콤 글래드웰 Malcolm Gladwell

1253　Baseball is the only field of endeavor where a man can succeed three times out of ten and be considered a good performer.

야구는 10번 중 3번 성공하면 좋은 성과를 내는 것으로 간주되는 유일한 분야이다.

테드 윌리엄스 Ted Williams

1254　When you are desperate, you become open to possibilities you would never have considered.

절박할 때는 절대 고려하지 않았던 가능성에 마음을 열게 된다.

말콤 글래드웰 Malcolm Gladwell

1255　The key to effective delivery is understanding your audience's needs and expectations.

효과적인 전달의 핵심은 청중의 필요와 기대를 이해하는 것이다.

존 C. 맥스웰 John C. Maxwell

1256   Winning a contest is not the ultimate goal; the goal is to push beyond your limits.

대회에서 이기는 것이 궁극적인 목표가 아니다. 목표는 자신의 한계를 뛰어넘는 것이다.

마이클 펠프스 Michael Phelps

1257   Intense feeling too often obscures the truth.

격렬한 감정은 너무 자주 진실을 가린다.

해리 S. 트루먼 Harry S Truman

1258   Salt is born of the purest parents: the sun and the sea.

소금은 가장 순수한 부모인 태양과 바다로부터 태어난다.

미상 Unknown

1259　The vote is the most powerful nonviolent tool we have.

투표는 우리가 가진 가장 강력하면서도 비폭력적인 도구이다.

존 루이스 John Lewis

1260　You can't allow tradition to get in the way of innovation. There's a need to respect the past, but it's a mistake to revere your past.

전통이 혁신을 방해하게 두어시는 안 된다. 과거를 존중할 필요는 있지만, 과거를 숭배하는 것은 잘못이다.

밥 아이거 Bob Iger

CHAPTER

10

1261　If you cannot measure it, you cannot improve it.

측정할 수 없다면, 개선할 수 없다.

윌리엄 톰슨 켈빈 남작 Lord Kelvin

1262　What's right isn't always popular. What's popular isn't always right.

옳은 것이 항상 대중적인 건 아니고, 대중적인 것이 항상 옳은 건 아니다.

H. 잭슨 브라운 주니어 H. Jackson Brown, Jr.

1263　The most difficult thing in any negotiation, almost, is making sure that you strip it of the emotion and deal with the facts. And there was a considerable challenge to that here and understandably so.

거의 모든 협상에서 가장 어려운 것은 감정을 배제하고 사실을 다루는 것이다. 그리고 여기에는 상당한 어려움이 있다. 하지만 이는 충분히 이해할 만한 일이다.

하워드 베이커 Howard Baker

1264 We are not permitted to choose the frame of our destiny. But what we put into it is ours.

우리는 운명의 틀을 선택할 권한이 없다. 하지만 그 안에 무엇을 채워 넣을지는 우리의 몫이다.

다그 함마르셸르 Dag Hammarskjold

1265 The library is the temple of learning, and learning has liberated more people than all the wars in history.

도서관은 배움의 성전이다. 그리고 배움은 역사상 모든 전쟁보다 더 많은 사람들을 해방시켰다.

칼 T. 로완 Carl T. Rowan

1266 No matter how low you go, there's always an unexplored basement.

아무리 낮은 곳으로 내려가도, 미지의 지하실은 항상 존재한다.

F. 스콧 피츠제럴드 F. Scott Fitzgerald

1267　Everything is relative, and nothing is absolute. This is a fundamental concept in the study of philosophy.

모든 것은 상대적이며, 절대적인 것은 없다. 이것은 철학 연구의 기본 개념이다.

알베르트 아인슈타인 Albert Einstein

1268　Never compare your inside with somebody else's outside.

자신의 내면을 다른 사람의 외면과 비교하지 마라.

마이클 팔머 Michael Palmer

1269　It requires a very unusual mind to undertake the analysis of the obvious.

자명한 것을 분석한다는 것은 매우 특별한 정신을 필요로 한다.

앨프리드 노스 화이트헤드 Alfred North Whitehead

1270 The best car safety device is a rear-view mirror with a cop in it.

최고의 차량 안전장치는 경찰이 보이는 백미러다.

더들리 무어 Dudley Moore

1271 My idea of heaven is a great big baked potato and someone to share it with.

내가 생각하는 천국은 아주 커다란 구운 감자와 그것을 함께 나눌 누군가가 있는 것이다.

오프라 윈프리 Oprah Winfrey

1272 Looking back over a lifetime, you see that love was the answer to everything.

일생을 뇌돌아보면, 사랑이 모든 것의 해답이었음을 알게 된다.

레이 브래드버리 Ray Bradbury

1273 The award for a job well done is more work.

잘 해낸 일에 대한 보상은 더 많은 일이다.

톰 피터스 Tom Peters

1274 Flattery is like chewing gum. Enjoy it but don't swallow it.

아첨은 껌과 같다. 즐기되 삼키지는 마라.

행크 케첨 Hank Ketcham

1275 See a flame in a spark, a tree in a seed. See great things in little beginnings.

작은 불씨에서 큰 불꽃을, 작은 씨앗에서 큰 나무를 보라. 작은 시작 속에서 위대한 것을 보라.

리처드 시브스 Richard Sibbes

1276   Bad times have a scientific value. These are occasions a good learner would not miss.

힘든 시기에도 과학적인 가치가 있다. 훌륭한 학습자라면 이런 기회를 놓치지 않는다.

랠프 월도 에머슨 Ralph Waldo Emerson

1277   The most difficult thing in the world is to know how to do a thing and to watch someone else do it wrong without comment.

세상에서 가장 어려운 일은 어떤 일을 어떻게 하는지 알고 있으면서도, 다른 사람이 그것을 잘못하는 것을 말없이 지켜보는 것이다.

T. H. 화이트 T. H. White

1278   Once you conquer your selfish self, all your darkness will change to light.

일단 이기석인 자아를 정복하면, 당신의 모든 어둠이 빛으로 바뀔 것이다.

잘랄 아드딘 무하마드 루미 Rumi

1279　There is a thin line that separates laughter and pain, comedy and tragedy, humor and hurt.

웃음과 고통, 희극과 비극, 유머와 상처를 구분하는 경계선은 아주 얇다.

어마 봄백 Erma Bombeck

1280　It is the simplest things in life that hold the most wonder; the color of the sea, the sand between your toes, the laughter of a child.

바다의 색, 발가락 사이의 모래, 아이의 웃음소리 같은 인생에서 가장 단순한 것들 속에 가장 큰 경이로움이 깃들어 있다.

골디 혼 Goldie Hawn

1281　Nothing is more disappointing than unfulfilled promises.

이행되지 않은 약속보다 더 실망스러운 것은 없다.

해리엇 비처 스토 Harriet Beecher Stowe

1282   To create, you have to be willing to start with a blank sheet.

창조하기 위해서는 기꺼이 백지상태에서 시작해야 한다.

데이비드 호크니 David Hockney

1283   Never ruin an apology with an excuse.

변명으로 사과를 절대 망치지 마라.

벤저민 프랭클린 Benjamin Franklin

1284   Body language is more fascinating to me than actual language.

실제 언어로 소통하는 것보다 온몸으로 표현하는 것이 훨씬 더 매력적이다.

양자경 Michelle Yeoh

1285 Sometimes bending is necessary to keep moving forward. Flexibility is key to overcoming obstacles.

때로는 앞으로 나아가기 위해 굽히는 것이 필요하다. 유연함이야말로 장애물을 극복하는 열쇠이다.

스티븐 코비 Stephen Covey

1286 When the pressure gets too high, you can either explode or make a breakthrough.

압박이 너무 심해지면, 폭발하거나 아니면 돌파구를 만들어낼 수 있다.

일론 머스크 Elon Musk

1287 Museums are not only a reflection of our past, but a testament to our ability to imagine and create.

박물관은 단지 우리의 과거를 반영하는 것이 아니라, 우리의 상상력과 창조 능력에 대한 증거이다.

윌리엄 J. 베넷 William J. Bennett

1288　Once I decide to do something, I can't have people telling me I can't. If there's a roadblock, you jump over it, walk around it, crawl under it.

무언가를 하기로 결정하면, 나는 사람들이 '할 수 없다'고 말하는 것을 용납할 수 없다. 만약 장애물이 있다면, 뛰어넘거나, 돌아가거나, 기어서라도 그 밑을 통과할 것이다.

키티 켈리 Kitty Kelley

1289　It's not stress that kills us, it is our reaction to it.

우리를 죽이는 것은 스트레스가 아니라, 그것에 대한 우리의 반응이다.

한스 셀리에 Hans Selye

1290　Time is the coin of your life. It is the only coin you have, and only you can determine how it will be spent. Be careful lest you let other people spend it for you.

시간은 인생의 화폐다. 그것은 당신이 가진 유일한 화폐이며, 그것이 어떻게 쓰일지 결정할 수 있는 사람은 오직 당신뿐이다. 다른 사람들이 당신의 시간을 대신 쓰게 하지 않도록 조심하라.

칼 샌드버그 Carl Sandburg

1291　There is no blue without yellow and without orange.

노란색과 주황색 없이는 파란색도 없다.

빈센트 반 고흐 Vincent Van Gogh

1292　The goal of education is not to increase the amount of knowledge but to create the possibilities for a child to invent and discover, to create men who are capable of doing new things.

교육의 목표는 지식의 양을 늘리는 것이 아니라, 아이가 발명하고 발견할 가능성을 만들어주어, 새로운 것을 해낼 수 있는 인재를 육성하는 것이다.

장 피아제 Jean Piaget

1293　Try to see the good in others. When you're tempted to judge someone, make an effort to see their goodness. Your willingness to look for the best in people will subconsciously bring it forth.

타인에게서 좋은 점을 보려고 노력하라. 누군가를 판단하고 싶은 유혹이 들 때, 그들의 선함을 보려고 힘써라. 사람들의 가장 좋은 면을 찾으려는 당신의 의지는 무의식적으로 그것을 끌어낼 것이다.

매리앤 윌리엄슨 Marianne Williamson

1294   Fashions fade, style is eternal.

유행은 사라지지만, 스타일은 영원하다.

이브 생 로랑 Yves Saint Laurent

1295   We must not allow the bay to be the end of the world, but rather the beginning of a new journey.

만(灣)이 세상의 끝이 아니라, 새로운 여행의 시작이 되어야 한다.

존 F. 케네디 John F. Kennedy

1296   Concentrate all your thoughts upon the work in hand. The Sun's rays do not burn until brought to a focus.

모든 생각을 현재 하고 있는 일에 집중하라. 햇빛노 초점이 맞춰지기 전에는 그 무엇도 태울 수 없다.

알렉산더 그레이엄 벨 Alexander Graham Bell

1297   The entrance strategy is actually more important than the exit strategy.

진입 전략이 실제로는 출구 전략보다 더 중요하다.

에드워드 램퍼트 Edward Lampert

1298   Rumors are like echoes in the wind, fading away as the winds of truth carry the unwavering melody of reality.

소문은 바람 속의 메아리와 같아서, 진실의 바람이 현실의 흔들리지 않는 선율을 실어 나를 때 사라지기 마련이다.

미상 Unknown

1299   There are no passengers on spaceship earth. We are all crew.

지구라는 우주선에는 승객이 없다. 우리는 모두 승무원이다.

마셜 매클루언 Marshall McLuhan

1300   People who are unable to motivate themselves must be content with mediocrity, no matter how impressive their other talents.

　　　스스로 동기를 부여할 수 없는 사람은 다른 재능이 아무리 뛰어나더라도 평범함에 만족해야 한다.

앤드루 카네기 Andrew Carnegie

1301   If you calculate 15 minutes a day to shave, that is 5,000 minutes a year spent shaving.

　　　하루에 면도하는 시간을 15분으로 계산하면, 1년에 면도에 쓰는 시간이 5,000분이다.

피델 카스트로 Fidel Castro

1302   The opposite for courage is not cowardice, it is conformity. Even a dead fish can go with the flow.

　　　용기의 반대는 비겁함이 아니라 순응이다. 죽은 물고기도 물길을 따라 흘러갈 수 있다.

짐 하이타워 Jim Hightower

1303   Nobody's perfect. Everyone slides here and there, and they have their ups and downs. When they are down, that is not the time to step all over them.

완벽한 사람은 없습니다. 모든 사람은 여기저기서 미끄러지고, 그들만의 기복을 겪습니다. 그들이 힘들어할 때는, 그들을 짓밟을 때가 아닙니다.

닐 숀 Neal Schon

1304   Whenever we approve, we can find a hundred good reasons to justify our approbation. Whenever we dislike, we can find a thousand to justify our dislike.

우리가 찬성할 때는 그 찬성을 정당화할 수 있는 백 가지 좋은 이유를 찾을 수 있다. 하지만 우리가 무언가를 싫어할 때는 그 싫음을 정당화할 수 있는 천 가지 이유를 찾아낼 수 있다.

새뮤얼 리처드슨 Samuel Richardson

1305   Instead of drifting along like a leaf in a river, understand who you are and how you come across to people and what kind of an impact you have on the people around you and the community around you and the world, so that when you go out, you can feel you have made a positive difference.

강물에 떠다니는 나뭇잎처럼 그저 흘러가는 대신, 당신이 누구인지, 사람들에게 어떻게 보이는지, 주변 사람들과 지역사회와 세상에 어떤 영향을 미치는지 이해하라. 그렇게 해야만 삶을 마감할 때, 당신이 긍정적인 변화를 만들었다고 느낄 수 있을 것이다.

제인 폰다 Jane Fonda

1306　Basically, books were a luxury item before the printing press.

기본적으로, 인쇄기가 발명되기 전에는 책이 사치품이었다.

네이트 실버 Nate Silver

1307　There is no person so severely punished, as those who subject themselves to the whip of their own remorse.

스스로 회한의 채찍을 맞는 사람처럼 가혹한 처벌을 받는 사람도 없다.

루키우스 안나이우스 세네카 Lucius Annaeus Seneca

1308　Every day we should hear at least one little song, read one good poem, see one exquisite picture, and, if possible, speak a few sensible words.

우리는 매일 적어도 한 편의 작은 노래를 듣고, 한 편의 좋은 시를 읽고, 한 폭의 아름다운 그림을 보고, 가능하나면 몇 마디의 지혜로운 말을 해야 한다.

요한 볼프강 폰 괴테 Johann Wolfgang von Goethe

1309　One of the greatest tragedies in life is to watch potential die untapped.

인생의 가장 큰 비극 중 하나는 잠재력이 발휘되지 못한 채 죽어가는 것을 지켜보는 것이다.

마일스 먼로 Myles Munroe

1310　When I was young, I admired clever people. Now that I am old, I admire kind people.

어렸을 때는 똑똑한 사람들을 동경했다. 나이가 든 지금은 친절한 사람들을 동경한다.

에이브러햄 조슈아 헤셀 Abraham Joshua Heschel

1311　The budget is not just a collection of numbers, but an expression of our values and aspirations.

예산은 단순한 숫자의 집합이 아니라, 우리의 가치관과 열망을 표현하는 것이다.

잭 루 Jack Lew

1312　The warmth of a baby in your lap is the purest form of love.

무릎 위 아기의 따뜻함은 사랑의 가장 순수한 형태이다.

미상 Unknow

1313　An idea can turn to dust or magic, depending on the talent that rubs against it.

아이디어는 그것과 맞닿는 재능에 따라, 먼지가 될 수도 마법이 될 수도 있다.

윌리엄 번바크 William Bernbach

1314　Great sculptors and artists spend countless hours perfecting their talents. They don't pick up a chisel or a brush and palette, expecting immediate perfection. They understand that they will make many errors as they learn, but they start with the basics, the key fundamentals first.

위대한 조각가와 예술가들은 자신의 재능을 완성하기 위해 수많은 시간을 투자한다. 그들은 즉각적인 완벽을 기대하며 끌이나 붓, 팔레트를 집어 들지 않는다. 그들은 배우면서 많은 오류를 범할 수 있다는 것을 이해하지만, 가상 기본적이고 핵심적인 기초부터 시작한다.

조지프 B. 워슬린 Joseph B. Wirthlin

1315 I was always amazed about how much I could finally squeeze into a thirty second commercial.

나는 30초짜리 광고에 얼마나 많은 것을 담을 수 있는지 늘 놀라곤 했다.

리들리 스콧 Ridley Scott

1316 Deadlines aren't bad. They help you organize your time. They help you set priorities. They make you get going when you might not feel like it.

데드라인이 나쁜 것은 아니다. 데드라인은 시간을 체계적으로 관리하는 데 도움이 되고, 우선순위를 정하는 데 도움이 되며, 하고 싶지 않을 때도 시작하게 만들어준다.

하비 매케이 Harvey Mackay

1317 Never slam a door; you may need to go back through it someday.

절대 문을 쾅 닫지 마라. 언젠가 그 문을 통해 다시 돌아가야 할 수도 있다.

로버트 브롤트 Robert Brault

1318 You cannot make a revolution with silk gloves.

실크 장갑을 끼고는 혁명을 일으킬 수 없다.

미상Unknown

1319 The explanation requiring the fewest assumptions is most likely to be correct.

가장 적은 수의 가정을 필요로 하는 설명이 가장 정확할 가능성이 높다.

오컴의 윌리엄 (오컴의 면도날)William of Ockham (Occam's Razor)

1320 Order and simplification are the first steps toward the mastery of a subject.

질서와 단순화는 어떤 주제의 통달을 위한 첫 번째 단계이다.

토마스 만Thomas Mann

1321   A body in motion tends to stay in motion.

움직이는 물체는 계속해서 움직이려는 경향이 있다.

아이작 뉴턴 Isaac Newton

1322   The joy of finding a lost sock is unparalleled.

잃어버린 양말 한 짝을 찾았을 때의 기쁨은 비할 데가 없다.

엘런 디제너러스 Ellen DeGeneres

1323   Dive today from the cliff of what you know into what you can't know.

오늘 아는 것의 절벽에서 모르는 것의 세계로 뛰어들어라.

잘랄 아드딘 무하마드 루미 Rumi

1324　It is easier to find men who will volunteer to die, than to find those who are willing to endure pain with patience.

기꺼이 죽겠다고 자원하는 사람을 찾는 것이, 고통을 인내심 있게 견뎌내려는 사람을 찾는 것보다 쉽다.

율리우스 카이사르 Julius Caesar

1325　A pearl is a beautiful thing that is produced by an injured life. It is the tear that results from the injury of the oyster.

진주는 상처받은 생명이 만들어낸 아름다운 것이다. 그것은 굴의 상처로부터 나온 눈물이다.

스테판 휠러 Stephan Hoeller

1326　You can become blind by seeing each day as a similar one. Each day is a different one, each day brings a miracle of its own. It's just a matter of paying attention to this miracle.

매일을 비슷한 날로 여기다 보면 눈이 멀 수 있다. 매일은 새로운 날이며, 저마다의 기적을 품고 있다. 다만 그 기적을 알아차리느냐의 문제일 뿐이다.

파울로 코엘료 Paulo Coelho

1327　Leadership is a privilege to better the lives of others. It is not an opportunity to satisfy personal greed.

　　　리더십은 다른 사람들의 삶을 더 좋게 만들 수 있는 특권이다. 개인적인 욕심을 채울 기회가 아니다.

음와이 키와키 Mwai Kibaki

1328　I hope to stand firm enough to not go backward, and yet not go forward fast enough to wreck the country's cause.

　　　나는 뒤로 물러서지 않을 만큼 충분히 단호하게 서 있기를 바란다. 그리고 동시에 나라의 대의를 망칠 만큼 빠르게 앞으로 나아가지 않기를 바란다.

에이브러햄 링컨 Abraham Lincoln

1329　Your response to adversity, not the adversity itself, determines how your life's story will develop.

　　　역경 그 자체가 아니라 역경에 대한 반응이 당신의 인생 이야기가 어떻게 전개될지를 결정한다.

디터 F. 우흐트도르프 Dieter F. Uchtdorf

1330　There's nothing more important than our good health - that's our principal capital asset.

우리의 건강보다 더 중요한 것은 없다. 그것이 우리의 주요 자본 자산이다.

알런 스펙터 Arlen Specter

1331　My grandfather always said that living is like licking honey off a thorn.

할아버지는 항상 삶이란 가시에서 꿀을 핥는 것과 같다고 하셨다.

루이 아다미치 Louis Adamic

1332　All power tends to corrupt and absolute power corrupts absolutely.

모든 권력은 부패하는 경향이 있고, 절대 권력은 절대적으로 부패한다.

존 에머리치 에드워드 달버그액턴 남작 Lord Acton

1333　When you believe in your dream and your vision, then it begins to attract its own resources. No one was born to be a failure.

당신이 자신의 꿈과 비전을 믿을 때, 그것은 스스로 필요로 하는 자원을 끌어들이기 시작한다. 실패하기 위해 태어난 사람은 아무도 없다.

마일스 먼로 Myles Munroe

1334　The finest steel has to go through the hottest fire.

가장 좋은 강철이 되기 위해서는 가장 뜨거운 불을 통과해야 한다.

리처드 M. 닉슨 Richard M. Nixon

1335　I find my life is a lot easier the lower I keep everyone's expectations.

사람들의 기대치를 낮게 유지할수록 내 삶은 훨씬 편해진다.

빌 워터슨 Bill Watterson

1336 The first draft of anything is always a spill of thoughts.

모든 것의 첫 번째 초안은 항상 생각의 쏟아짐이다.

어니스트 헤밍웨이 Ernest Hemingway

1337 Lean into the sharp points and fully experience them. The essence of bravery is being without self-deception. Wisdom is inherent in (understanding) emotions.

날카로운 지점에 기대어 온전히 경험하라. 용기의 본질은 자기기만 없는 존재이다. 지혜는 이해되는 감정에 내재되어 있다.

페마 초드론 Pema Chödrön

1338 Books are like blankets, the mere sight of them around the house provides warmth and comfort.

책은 담요와 같다. 집안 곳곳에 놓인 책을 보는 것만으로도 따뜻함과 위안을 얻는다.

메리 슈미트 Mary Schmich

1339　They who can give up essential liberty to obtain a little temporary safety deserve neither liberty nor safety.

매우 한시적인 안전을 얻기 위해 근본적인 자유를 포기할 수 있는 사람은 자유와 안전 모두 누릴 자격이 없다.

벤저민 프랭클린 Benjamin Franklin.

1340　One way to stop feeling annoyed is to stop expecting people to be perfect.

짜증을 멈추는 한 가지 방법은 사람들이 완벽하기를 기대하지 않는 것이다.

웨인 다이어 Wayne Dyer

1341　A pile of stones ceases to be a rock when somebody contemplates it with the idea of a cathedral in mind.

누군가가 성당을 염두에 두고 돌무더기를 바라볼 때, 그것은 더 이상 단순한 돌이 아니다.

앙투안 드 생텍쥐페리 Antoine de Saint-Exupéry

1342　Constant kindness can accomplish much. As the sun makes ice melt, kindness causes misunderstanding, mistrust, and hostility to evaporate.

지속적인 친절은 많은 것을 성취할 수 있습니다. 태양이 얼음을 녹이듯 친절은 오해와 불신, 적대감을 사라지게 합니다.

알베르트 슈바이처 Albert Schweitze

1343　The only time to eat diet food is while you're waiting for the beef to cook.

다이어트 음식을 먹을 유일한 때는 소고기가 익기를 기다리는 동안뿐이다.

줄리아 차일드 Julia Child

1344　Act like a duck. Be calm on the surface, but paddle like hell underneath.

오리처럼 행동하라. 수면 위에서는 침착하지만, 물속에서는 미친 듯이 발을 저어라.

마이클 케인 Michael Caine

1345　The more generous we are, the more joyous we become. The more cooperative we are, the more valuable we become. The more enthusiastic we are, the more productive we become. The more serving we are, the more prosperous we become.

우리가 더 너그러워질수록, 더 즐거워진다. 더 협력적이 될수록, 더 가치 있게 된다. 더 열정적이 될수록, 더 생산적이 되게 된다. 더 봉사할수록, 더 번영하게 된다.

윌리엄 아서 워드 William Arthur Ward

1346　Sweep with your mind, and the heart will follow.

생각을 먼저 정리하면, 마음은 자연스레 따라온다.

무라카미 하루키 Haruki Murakami

1347　Symbols are powerful because they are the visible signs of invisible realities.

상징이 강력한 이유는 그것들이 보이지 않는 실체의 가시적인 표시이기 때문이다.

성 아우구스티누스 Saint Augustine

1348　Whenever I refer to the future, I refer to possibilities and not certainties.

나는 미래를 언급할 때마다 확실성이 아닌 가능성에 대해 이야기한다.

미치오 카쿠 Michio Kaku

1349　Price tags don't tell the whole story.

가격표가 모든 것을 말해주지는 않습니다.

테일러 스위프트 Taylor Swift

1350　The earth has its music for those who will listen, its bright variations forever hum.

귀 기울이는 자들을 위해 지구는 자신만의 음악을 가지고 있다. 그 밝은 변주는 영원히 읊조려질 것이다.

레지널드 빈센트 홈스 Reginald Vincent Holmes

1351   Truth is not a defense against offense. It is the cause of it.

진실은 모욕에 대한 방어가 아니다. 그것이 바로 모욕의 원인이다.

데이비드 매밋 David Mamet

1352   Sometimes the most ordinary things could be made extraordinary, simply by changing the angle from which you see them.

때로는 가장 평범한 것들도 단순히 보는 각도를 바꾸는 것만으로도 특별해질 수 있다.

니콜라스 스파크스 Nicholas Sparks

1353   Those who can soar to the highest heights can also plunge to the deepest depths and the natures which enjoy most keenly are those which also suffer most sharply.

가장 높은 곳으로 날아오를 수 있는 사람은 가장 깊은 곳으로 추락할 수 있다. 가장 강렬하게 즐기는 자는 가장 깊이 고통 받는 자이다.

루시 모드 몽고메리 Lucy Maud Montgomery

1354 Vulnerability is the essence of romance. It's the art of being uncalculated, the willingness to look foolish, the courage to say, 'This is me, and I'm interested in you enough to show you my flaws with the hope that you may embrace me for all that I am but, more important, all that I am not.'

취약함은 로맨스의 본질이다. 그것은 계산을 버리는 예술이며, 기꺼이 어리석어 보일 수 있는 용기다. 그리고 '이것이 나다. 나는 내 결점을 보여줄 만큼 당신에게 관심이 있다. 내가 가진 모든 것, 아니 더 중요한 건 내가 가지지 못한 모든 것까지도, 당신이 받아주길 바란다.'라고 말할 수 있는 힘이다.

애슈턴 커쳐 Ashton Kutcher

1355 Genius unrefined resembles a flash of lightning, but wisdom is like the sun.

다듬어지지 않은 천재성은 번개의 섬광과 같지만, 지혜는 태양과 같다

프란츠 그릴파르처 Franz Grillparzer

1356 In every instance, honesty is the best policy.

어떤 경우에든, 정직이 최선의 방책이다.

벤저민 프랭클린 Benjamin Franklin

1357　The mind is not a book, to be opened at will and examined at leisure. Thoughts are not etched on the inside of skulls, to be perused by an invader. The mind is a complex and many-layered thing.

마음은 마음대로 열어서 여유롭게 살펴볼 수 있는 책이 아니다. 생각들은 침입자가 정독할 수 있도록 두개골 안쪽에 새겨져 있는 것이 아니다. 마음은 복잡하고 여러 겹으로 이루어진 것이다.

J. K. 롤링 J. K. Rowling

1358　We exhaust ourselves more from the tension and the consequences of internal disharmony than from hard, unremitting work.

우리는 힘들고 끊임없는 일보다 내적 불화의 긴장과 그 결과로 인해 더욱 지치게 된다.

스티븐 코비 Stephen Covey

1359　Life is often compared to a marathon, but I think it is more like being a sprinter; long stretches of hard work punctuated by brief moments in which we are given the opportunity to perform at our best.

인생은 종종 마라톤에 비유되지만, 저는 단거리 육상 선수와 비슷하다고 생각합니다. 긴 시간 동안의 노력 끝에 최고의 기량을 발휘할 수 있는 짧은 순간이 주어지는 것이죠.

마이클 존슨 Michael Johnson

1360　The slight edge you gain each day will compound over time into significant progress.

매일 얻는 작은 우위는 시간이 지나면서 복리로 쌓여 상당한 발전이 될 것이다.

제프 올슨 Jeff Olson

1361　We feel free when we escape - even if it be but from the frying pan to the fire.

설령 그것이 프라이팬에서 불 속으로 뛰어드는 것일지라도, 우리는 벗어날 때 자유로움을 느낀다.

에릭 호퍼 Eric Hoffer

1362　He who lives in our mind is near though he may actually be far away; but he who is not in our heart is far though he may really be nearby.

우리 마음속에 사는 사람은 실제로는 멀리 있어도 가까이 있고, 우리 마음속에 있지 않은 사람은 실제로는 가까이 있어도 멀리 있습니다.

차나키아 Chanakya

1363　Death is not extinguishing the light; it is only putting out the lamp because the dawn has come.

> 죽음은 빛을 소멸시키는 것이 아니라 새벽이 왔기 때문에 등불을 끄는 것일 뿐입니다.

라빈드라나트 타고르 Rabindranath Tagore

1364　A beard can be a shield that hides insecurities and a crown that displays confidence.

> 수염은 불안감을 감추는 방패가 될 수도 있고, 자신감을 드러내는 왕관이 될 수도 있다.

미상 Unknown

1365　To be content with little is hard; to be content with much, impossible.

> 적은 것으로 만족하는 건 어렵지만, 많은 것으로 만족하는 건 불가능하다.

마리 폰 에브너에셴바흐 Marie von Ebner-Eschenbach

1366 The deepest principle in human nature is the craving to be appreciated.

인간 본성에 있어서 가장 깊은 원칙은 인정받고 싶어하는 갈망이다.

윌리엄 제임스 William James

1367 Prejudice is like a hair across your cheek. You can't see it, you can't find it with your fingers, but you keep brushing at it because the feel of it is irritating.

편견은 뺨에 붙어 있는 머리카락과 같다. 눈에 보이지도 않고, 손가락으로 찾을 수도 없지만, 그 느낌이 짜증나서 계속 털어내려 한다.

매리언 앤더슨 Marian Anderson

1368 Look within. Within is the fountain of good, and it will ever bubble up, if you will ever dig.

내면을 들여다보라. 그 안에는 선의 샘이 있다. 파려고 하기만 하면, 끝없이 솟아날 것이다.

마르쿠스 이우렐리우스 Marcus Aurelius

1369 We do not hate as long as we still attach a lesser value, but only when we attach an equal or a greater value.

우리는 더 낮은 가치로 여길 때는 미워하지 않는다. 다만 동등하거나 더 큰 가치로 여길 때만 미워한다.

프리드리히 니체 Friedrich Nietzsche

1370 If we don't believe in freedom of expression for people we despise, we don't believe in it at all.

우리가 경멸하는 사람들을 위한 표현의 자유를 믿지 않는다면, 우리는 표현의 자유를 전혀 믿지 않는 것이다.

노엄 촘스키 Noam Chomsky

1371 Math allows for no hypocrisy and no vagueness.

수학은 위선도 모호함도 허용하지 않는다.

스탕달 Stendhal

1372　Life without challenges is like soda without fizz.

도전 없는 인생은 탄산이 빠진 탄산음료와 같다.

미상 Unknown

1373　Soap and water and common sense are the best disinfectants.

비누와 물, 그리고 상식이 최고의 소독제이다.

윌리엄 오슬러 경 Sir William Osler

1374　Life is like a suitcase: you can fill it with anything you want, but you have to carry it yourself.

인생은 여행 가방과 같다. 원하는 것은 무엇이든 담을 수 있지만, 그 가방을 직접 들고 다녀야 한다.

미상 Unknown

1375　As individual fingers we can easily be broken, but all together we make a mighty fist.

손가락 하나하나로는 쉽게 부러질 수 있지만, 모두 합치면 강력한 주먹을 만들 수 있다.

시팅 불(타탕카 이요탕카) Sitting Bull

1376　Enthusiasm is the powder that blows up all obstacles.

열정은 모든 장애물을 폭파시키는 화약이다.

노먼 빈센트 필 Norman Vincent Peale

1377　A good discussion increases the dimensions of everyone who takes part.

좋은 토론은 참여하는 모든 사람의 차원을 확장시킨다.

랜돌프 본 Randolph Bourne

1378 Within you there is a stillness and sanctuary to which you can retreat at any time and be yourself

우리 안에는 언제든지 물러나 자신으로 돌아갈 수 있는 고요함과 안식처가 있다.

헤르만 헤세 Hermann Hesse

1379 To understand the true quality of people, you must look into their minds, and examine their pursuits and aversions.

사람들의 진정한 인격을 이해하려면, 그들의 마음을 들여다보고, 그들이 추구하는 것과 혐오하는 것을 함께 살펴봐야 한다.

마르쿠스 아우렐리우스 Marcus Aurelius

1380 A lecture should not just transmit information, but inspire curiosity.

강의는 단순히 정보를 전달하는 것이 아니라, 호기심을 불러일으켜야 한다.

칼 세이건 Carl Sagan

1381 I treated it like every day was my last day with a basketball.

나는 매일이 농구공과 함께하는 마지막 날인 것처럼 농구를 대했다.

르브론 제임스 LeBron James

1382 Life is 10% what happens to us and 90% how we react to it.

인생은 우리에게 일어나는 10%의 일과 그것에 반응하는 90%의 방식으로 이루어져 있다.

찰스 R. 스윈돌 Charles R. Swindoll

1383 To bake a cake is to create a moment of joy.

케이크를 굽는다는 것은 기쁨의 순간을 만드는 것이다.

버니 발라스트로 Buddy Valastro

1384 Honesty is the first chapter in the book of wisdom.

정직은 지혜라는 책의 첫 번째 장이다.

토머스 제퍼슨 Thomas Jefferson

1385 The best relief from worry is to get busy.

걱정에서 벗어나는 가장 좋은 방법은 바쁘게 지내는 것이다.

데일 카네기 Dale Carnegie

1386 Being awkward is just a sign that you are stepping out of your comfort zone and into your growth zone.

어색하다는 것은 당신이 편안한 영역에서 벗어나 *성장의 영역*으로 들어가고 있다는 신호일 뿐이다.

잭 캔필드 Jack Canfield

1387　You don't run out of ideas; you run out of steam.

아이디어가 고갈되는 것이 아니라, 기운이 고갈되는 것이다.

달린 러브 Darlene Love

1388　We are always anxious to be distinguished for a talent which we do not possess than to be praised for the fifteen which we do possess.

우리는 항상 가지고 있는 열다섯 가지 재능으로 칭찬받기보다, 가지고 있지 않은 하나의 재능으로 인정받기를 갈망한다.

마크 트웨인 Mark Twain

1389　When everything seems to be going against you, remember that the airplane takes off against the wind, not with it.

모든 것이 당신에게 불리하게 돌아가는 것 같을 때, 비행기는 바람을 맞으며 이륙하는 것이지 바람을 등에 업고 이륙하는 것이 아님을 기억하라.

헨리 포드 Henry Ford

1390　God gives every bird his worm, but He does not throw it into the nest.

　　　신은 모든 새에게 벌레를 주지만, 둥지 안으로 던져주지는 않는다.

　　　　　　　　　　　　　　　　　　조사이아 길버트 홀랜드 Josiah Gilbert Holland

1391　Everyone grows at their own pace, and you shouldn't compare yourself to anyone.

　　　누구나 자신만의 속도로 성장하니, 다른 누구와도 자신을 비교해서는 안 된다.

　　　　　　　　　　　　　　　　　　　　　　　매니 MUA Manny MUA

1392　If you're not in the parade, you watch the parade. That's life.

　　　퍼레이드에 참여하지 않으면, 퍼레이드를 구경하게 된다. 그것이 인생이다.

　　　　　　　　　　　　　　　　　　　　　　　마이크 딧카 Mike Ditka

1393　The vision must be followed by the venture. It is not enough to stare up the steps - we must step up the stairs.

비전에는 반드시 모험이 따라야 한다. 그저 계단을 쳐다보는 것만으로는 충분치 않다. 우리는 반드시 계단을 올라가야 한다.

밴스 해브너 Vance Havner

1394　Speak ill of no man, but speak all the good you know of everybody.

어떤 사람에 대해서도 나쁘게 말하지 말고, 모든 사람에 대해 당신이 아는 모든 좋은 점을 말하라.

벤저민 프랭클린 Benjamin Franklin

1395　While some of us may know than others about certain things, it is the thinnest slice of all that is, or could be known. In that sense, we are all profoundly ignorant.

우리 중 일부는 특정 사항에 대해 다른 사람들보다 더 많이 알고 있을 수 있지만, 그것은 우리가 알고 있거나 알 수 있는 모든 것 중 가장 얇은 조각에 불과하다. 그런 의미에서 우리는 모두 지극히 무지한 존재이다.

찰스 오스굿 Charles Osgood

1396　Labor is the fabled magician's wand, the philosophers stone, and the cap of good fortune.

노동은 전설 속 마법사의 지팡이이자, 현자의 돌이며, 행운의 모자다.

제임스 웰던 존슨 James Weldon Johnson

1397　To pity distress is but human; to relieve it is Godlike.

고통을 동정하는 것은 인간적인 일이고, 고통을 덜어주는 것은 신과 같은 일입니다.

호러스 맨 Horace Mann

1398　It's so important to realize that every time you get upset, it drains your emotional energy. Losing your cool makes you tired. Getting angry a lot messes with your health.

화를 낼 때마다 정서적 에너지가 고갈된다는 사실을 깨닫는 것이 매우 중요하다. 평정심을 잃으면 지치게 되고, 잦은 분노는 결국 건강을 해친다.

조이스 마이어 Joyce Meyer

1399　Save room for dessert; life is uncertain.

디저트를 위한 자리를 남겨두세요. 인생은 불확실합니다.

미상 Unknown

1400　Show class, have pride, and display character. If you do, winning takes care of itself.

품격을 보이고, 자긍심을 가지며, 인격을 드러내라. 그렇게 한다면, 승리는 저절로 따라올 것이다.

베어 브라이언트 Bear Bryant

| 명언 출처 |

QR코드를 스캔하면 각 명언의 출처와 그 배경을 확인할 수 있습니다.

세상에서 가장 정확한 빅데이터 기반 영어 단어 무료 레벨 테스트